Violeta Walks on Foreign Lands

~

Violeta Anda en Tierra Extrañas

Bilingual Short Stories ~ Cuentos Bilingües

Victorina Press
www.victorinapress.com

©Violeta Walks on Foreign Lands ~ Violeta Anda en Tierras Extrañas

First edition ~ Primera edición 2018

Content Editor ~ Editora Contenido
Odette Magnet
General Editor ~ Editora General
Consuelo Rivera-Fuentes

Published in 2018 by **Victorina Press**
Adderley Lodge Farm, Adderley Road
Market Drayton, TF9 3ST
United Kingdom

Introduction ~ Introducción
©María Eugenia Bravo-Calderara

Commentaries on winning stories ~ Comentarios de cuentos ganadores
© **Leo Boix**
©**Isabel del Río**

Cover and layout design ~ Diseño de cubierta e interior
Typesetting ~ Tipografía
©**Isabel Ros-López**

Authors ~ Autores

©**María José Alba**	©**Patricia Díaz**	©**Mabel Encina-Sánchez**
©**Sebastián Eterovic**	©**Carmen Malarée**	©**Valentina Montoya-Martínez**
©**Patricio Alejandro Olivares**	©**Fermín Pavez**	©**Isabel Ros-López**

All rights reserved ~ Todos los derechos reservados
VictorinaPress www.victorinapress.com

A CIP Catalogue record for this book is available from the British Library
ISBN: 978-0-9957547-6-8

Printed and bound by Charlesworth Press, UK

Dedication ~ Dedicatoria

Dedicated to Violeta Parra and all the singers and songwriters of the Nueva Canción *in Latin America and, as always, to my mother.*

~

Dedicado a Violeta Parra y todos los cantantes y compositores de la Nueva Canción *en América Latina y como siempre a mi madre.*

Acknowledgements

I would like to thank the Chilean Ambassador to the UK Mr Rolando Drago and Ms Catalina Herrera, the Cultural Attaché at the Embassy of Chile in London, for their support with the prize ceremony and the launch of this book.

A big thank you to poets and writers Leo Boix and Isabel del Río for accepting to be part of the jury of the literary competition, which gave birth to this second bilingual anthology, and for writing the commentaries on the winning short stories.

Many thanks to Guisela Parra-Molina for translating the winning stories from Spanish into English and to Odette Magnet for her content editing and translation of the rest of the stories and biographies[1].

I am very grateful to Chilean poet and writer María Eugenia Bravo-Calderara for writing the introduction to this anthology. As usual, very accurate and creative.

I am also grateful to Sophie Lloyd-Owen and Jorge Vásquez-Rivera for all her work here at the office and at the prize ceremony event.

---

[1] With the exception of *La Chascona y sus cuerdas*, which was translated by the author.

Many, many thanks to Isabel Ros-López for the cover, typesetting and layout and for being so accommodating to my sometimes 'peculiar' demands. And to Valentina Montoya-Martínez for stepping in at that moment when I most needed support and critical eyes.

Finally, I would like to thank all those friends and supporters of Victorina Press, including the authors and participants of the Literary competitions we do every year. Without your support, this book or others would not be possible.

Consuelo Rivera-Fuentes

Agradecimientos

Quiero agradecer al Embajador de Chile en el Reino Unido el Señor Rolando Drago y a Catalina Herrera, la Agregada Cultural de la Embajada de Chile en Londres, por su apoyo con la ceremonia de premiación y el lanzamiento de este libro.

Vaya un gran agradecimiento a los poetas y escritores Leo Boix e Isabel del Río por aceptar ser parte del jurado en el concurso literario que dio nacimiento a esta segunda antología bilingüe, y por escribir los comentarios a los cuentos ganadores.

Muchas gracias a Guisela Parra Molina por traducir los cuentos ganadores del castellano al inglés y a Odette Magnet por editar el contenido y por traducir algunos de los cuentos y las biografías.

Muchas gracias a María Eugenia Bravo-Calderara por escribir la introducción a esta antología. Como siempre, muy creativa y precisa.

También quiero agradecer a Sophie Lloyd-Owen y Jorge Vásquez-Rivera por todo el trabajo en la oficina y en el evento de la entrega de premios.

Muchas, muchas gracias a Isabel Ros López por la cubierta, la tipografía y el diseño interno y por aceptar mis requerimientos, que muchas veces son 'raros'. Gracias a Valentina Montoya Martínez por entrar a ayudarme a último minuto cuando más lo necesitaba.

Por último, quiero agradecer a todos los amigos y seguidores de Victorina Press, incluyendo los autores y participantes en los concursos literarios que hacemos todos los años. Sin su apoyo, este libro y otros no serían posible.

Consuelo Rivera-Fuentes

Table of Contents ~ Tabla de Contenido

Dedication ~ Dedicatoria 1

Acknowledgements 3
Agradecimientos 5
Consuelo Rivera-Fuentes

Introduction 11
Introducción 17
María Eugenia Bravo-Calderara

Winning Stories ~ Relatos Ganadores 23
First Prize ~ Primer Premio 25
The *cantora* and her *vihuela* 26
La cantora y su vihuela 34
Fermín Pavez-Sandoval

Second Prize ~ Segundo Premio 41
Pablo is missing 43
Pablo ausente 51
Patricio Andrés-Olivares

Third Prize ~ Tercer Premio 59
The *Arpillera* 61
La Arpillera 64
Marijo Alba

Runners-up ~ Menciones honrosas 67
Blue Violeta 69
Violeta Azul 75
Patricia Díaz

September 81
Septiembre 88
Mabel Encinas-Sánchez

In search of their memory 95
En pos de su recuerdo 101
Sebastián Eterovic

Viola *Chilensis* – a trip to childhood............................. 107
Viola chilensis - Viaje hacia la infancia 114
Carmen Malarée

La Chascona and her guitar strings 121
La Chascona y sus cuerdas... 130
Valentina Montoya-Martínez

Like ivy on a wall... 137
Como en el muro la hiedra 145
Isabel Ros-López

Commentaries on the winning stories~Comentarios a los cuentos ganadores 153
Oral tradition and *costumbrismo* in "The *Cantora* and her *Vihuela*"... 155
Oralidad y costumbrismo en "La cantora y su vihuela" 159
Leonardo Boix

Queer desire and otherness in "Pablo is Missing" 163
Deseo "queer" y otredad en "Pablo ausente" 167
Leonardo Boix

The *Arpillera*... 172
La Arpillera... 175
Isabel del Río

Authors' profiles~Reseñas biográficas 179
Marijo Alba 181
Leonardo Boix 183
María Eugenia Bravo-Calderara 186
Isabel del Río 190
Patricia Díaz 193
Mabel Encinas-Sánchez 195
Sebastian Eterovic 198
Odette Magnet 201
Carmen Malarée 204
Valentina Montoya-Martínez 207
Patricio Andrés Olivares 210
Fermín Pavez-Sandoval 212
Consuelo Rivera-Fuentes 215
Isabel Ros-López 219

Other publications by Victorina Press~
Otras publicaciones de Victorina Press 222

Introduction

In his 1982 Nobel Prize acceptance speech, the acclaimed Colombian writer Gabriel García-Márquez —trying to clarify Latin American reality for a European conscience— gave assurances that he belonged to a world he described as "demential," that Latin America was this "immense homeland of hallucinating men and historical women, whose endless stubbornness over a struggle for freedom and a justice that does not exist is confused with legend."

Without a doubt the great Chilean artist Violeta Parra-Sandoval, one of the most prolific and influential figures in the Spanish-speaking world, belongs to this group.

Unquestionably, Violeta Parra is today a component part of this foursome of Chilean creators praised and acclaimed throughout the world: Gabriela Mistral, Pablo Neruda and Víctor Jara. With them, Violeta Parra glowed with her own potent light: singer, writer, composer, poet, painter, embroiderer and sculptor. Her life and work were hardly conventional, she was a bold and fiercely independent woman, her art was and is provocative, denouncing hypocrisy and injustice and calling people to think and act accordingly.

Violeta was the first Latin American artist who exhibited her works in the Louvre. She has been recognised as the pioneer and innovator of the Latin American folklore renaissance and "mother" of the *New Song Movement*, a movement with multiple roots born in the mid-60s in Chile and the rest of Latin America. This movement represented the progressive spirit of the period's political struggles and was characterised by lyrics of explicit political criticism and the use of traditional music and instruments.

In 2017 the centenary of this extraordinary "historical woman" was celebrated in Latin America and Victorina Press joined these festivities by organising a short-story competition in which the stories had to make some direct or indirect reference to Violeta Parra, her life and work.

In this volume, Victorina Press presents the three winning stories and six special mentions out of the thirty-five stories entered in the contest. Out of all these, only one refers to Violeta as a maker of tapestries, that of the Spanish Marijo Alba, who was awarded the third prize. In her story "La Arpillera" (The Tapestry) Marijo "transforms a simple visit to the Violeta Parra Museum into a completely surrealist experience," the writer Isabel del Río tells us. The tapestry entitled *Cristo en Bikini*, embroidered by Violeta Parra, portrays a crucified Christ in a loincloth with a bird on his right-hand side. In Marijo's story, Christ talks to the little bird and complains bitterly about the way the artist depicted him.

In "Pablo Ausente" (Pablo is missing), a story written by Chilean Patricio Olivares, which won the jury's second prize, "we find ourselves with a moving personal history of love," the writer Leonardo Boix tells us, "of separation and exile from a voice that is at once homosexual and contemporary".

Fermín Pavez, author of the story entitled "La Cantora y su vihuela" (The *Cantora* and her *Vihuela*), received the first prize. Boix tell us that this story is "deep and powerful" and that the author "tells in a masterly way, and using a polyphony of voices, the travels Violeta Parra did around the Chilean territory, singing with her vihuela" at numerous and varied gatherings and social events.

In the extraordinary story told in prose verse, "La Chascona y sus cuerdas" (La Chascona and her guitar strings), by Chilean Valentina Montoya-Martínez, we find Violeta Parra paying homage to her guitar which she has named *La Chascona*. Following the purest style of Chilean popular song, known as *Lira Popular*, and the countryside tradition of troubadour singing, the narrator tells us that Violeta's life began with her birth and with a musical note: **Mi**

In the story "Como en el muro la Hiedra" (Like ivy on a wall), by Spanish Isabel Ros-López, it is Violeta's music that is the principal protagonist, which on the arm of a young singer and artist takes us through the streets of Spain where the regime of Francisco Franco is already dying out, but still making bloody swipes with its tail. Young Carmen —who risks her life each time she sings Violeta's songs— represents a change that will continue in Spain, a change in the artistic-political landscape which began with Violeta in Latin America. Faithful to the spirit of Violeta Parra, the young artist also represents the continuity of a struggle which knows no borders.

The story "Septiembre" (September) by Mexican writer Mabel Encinas-Sánchez presents us with a totally different topic: a woman, Victoria, is buried alive after an earthquake. While she waits to be rescued, she reviews parts of her life, where the shadow or light of Violeta Parra's creations are also present.

The stories "Viola Chilensis: "Viaje hacia la infancia" (Viola Chilensis: A trip towards childhood), by the Chilean Carmen Malarée and "Violeta Azul" (Blue Violeta) by Colombian writer Patricia Díaz, make us remember and glimpse aspects of Violeta Parra's life, her childhood first and secondly, some moments of her life in France, when she sang at a second-rate theatre in Paris.

Finally, "En Pos de su recuerdo" (In Search of their Memory), a story by Chilean Sebastián Eterovic, narrates a singular encounter among four young men, all mathematics students, who meet to celebrate the birthday of a teacher they all admired. Could it be Nicanor Parra's — Violeta's brother and professor of Rational Mechanics at the university and a well-known anti-poet?

Paradoxically, the meeting takes a surprising turn when an unknown woman approaches them. She says her name is Susana, but might Nicanor and Violeta be hidden behind this name?

María Eugenia Bravo-Calderara

Introducción

En 1982, en su discurso de aceptación del Premio Nobel, el afamado escritor colombiano, Gabriel García Márquez aseguraba —tratando de esclarecer la realidad de América Latina para la conciencia europea— que él pertenecía a un mundo que él caracterizó como 'demencial'; América Latina era esa 'patria inmensa de hombres alucinados y mujeres históricas, cuya terquedad sin fin –de lucha por conseguir una libertad y una justicia que no existen– se confunde con la leyenda'.

A este grupo humano pertenece sin duda esa gran artista chilena que fue Violeta Parra Sandoval, una de las más prolíficas e influyentes figuras en el mundo de habla española. Incuestionablemente, Violeta Parra es hoy en día una parte componente de ese cuadrilátero de creadores chilenos alabados y aclamados mundialmente: Gabriela Mistral, Pablo Neruda, y Víctor Jara. Junto a ellos, Violeta Parra brilla con luz potente y propia: cantautora, escritora, poeta, pintora, bordadora y escultora. Su vida y obra fueron poco convencionales, fue una mujer ferozmente independiente y audaz, su arte fue y es todavía provocativo, denunciaba la hipocresía y la injusticia, y llamaba a actuar y pensar consecuentemente.

Violeta fue la primera artista latinoamericana que expuso sus obras en el Louvre. Reconocida como la pionera e iniciadora del renacimiento del folklore latinoamericano y 'madre' de la *Nueva Canción,* un movimiento de raíces múltiples que nació, a mediados de los años 60 en Chile y el resto de América Latina y que representó al espíritu progresista de las luchas políticas de la época y que se caracterizó por una lírica de explícito criticismo político y el uso de instrumentos y música tradicional.

En 2017, se celebraron en América Latina los cien años del nacimiento de esta extraordinaria 'mujer histórica' y Victorina Press se sumó a estas festividades organizando un concurso de narrativa en el que los relatos debían hacer alusión directa o indirecta a Violeta Parra, su vida y su obra.

Victorina Press presenta en este volumen los tres relatos ganadores y seis menciones especiales de los treinta y cinco cuentos presentados al concurso. De todos estos solo uno, se refirió a Violeta como bordadora de arpilleras; el de la española Marijo Alba, quien obtuvo el tercer premio. En su historia "La Arpillera" Marijo 'transforma una simple visita al Museo Violeta Parra en una experiencia completamente surrealista', nos dice la escritora Isabel del Río. La arpillera— titulada Cristo en bikini— bordada por Violeta representa a un Cristo crucificado cubierto con un taparrabo y con un pajarito a su lado derecho. En el relato de Marijo, Cristo conversa con el pajarito y se queja amargamente por la forma en la cual la artista lo ha representado.

En "Pablo Ausente", cuento escrito por el chileno Patricio Olivares, que recibió el segundo premio del jurado, 'nos encontramos con una conmovedora historia personal de amor' —nos cuenta el escritor Leonardo Boix— 'de separación y exilio desde una voz que es al mismo tiempo homosexual y contemporánea'.

El primer premio lo recibió el chileno Fermín Pavez, autor del cuento titulado "La Cantora y su Vihuela". Boix dice al respecto de este relato que es 'profundo y poderoso,' donde el autor 'relata de forma magistral y utilizando la polifonía de voces populares, los recorridos que hacía Violeta Parra por el territorio chileno, al cantar con su vihuela' en numerosas y diversas reuniones y acontecimientos sociales.

En el extraordinario relato de verso en prosa, "La Chascona y sus cuerdas", de la chilena Valentina Montoya Martínez, encontramos a Violeta Parra, rindiendo homenaje a 'La Chascona', su querida guitarra. Siguiendo el más puro estilo del cantar popular chileno, que se conoce como el de *Lira Popular*, y la tradición campesina del cantar de trovadores, la narradora nos va contando la vida de Violeta que se inicia con su nacimiento y que comienza con una nota musical: **Mi**.

En el relato "Como en el muro la hiedra", de la española Isabel Ros López, es la música de Violeta la principal protagonista, que, del brazo de una joven cantante y artista, nos lleva por las calles de una España donde el régimen de Francisco Franco está ya moribundo; pero dando aún coletazos sangrientos. La joven Carmen, quien cada vez que interpreta canciones de Violeta arriesga su vida, se da a la tarea artístico-política que se iniciara con Violeta en América Latina. La protagonista representa el cambio que continuará en España. Fiel al espíritu de Violeta Parra, la joven artista representa asimismo la continuidad de una lucha que no conoce fronteras.

El relato "Septiembre" de la escritora mexicana Mabel Encinas Sánchez, nos presenta una tónica totalmente diferente: una mujer, Victoria, está enterrada viva a consecuencias de un terremoto. Mientras espera ser rescatada, repasa partes de su vida, por donde también transita la sombra, o la luz, de las creaciones de Violeta Parra.

Los relatos "Viola Chilensis: Viaje hacia la infancia" de la chilena Carmen Malarée y "Violeta Azul", de la escritora colombiana Patricia Díaz, nos llevan a rememorar y a vislumbrar aspectos de la vida de Violeta Parra; su infancia el primero y el segundo, unos instantes de su vida en Francia, cuando cantaba en París en un teatro de segunda clase.

Finalmente, el cuento "En Pos de su Recuerdo", del chileno Sebastián Eterovic, relata un singular encuentro de cuatro muchachos, todos estudiantes de matemáticas que se han juntado para celebrar el cumpleaños de un maestro que todos admiran. ¿Se trata acaso de Nicanor Parra, hermano de Violeta y profesor de Mecánica Racional en la Universidad y conocido anti-poeta?

Paradojalmente, la reunión toma un curso sorpresivo cuando una desconocida se les acerca. Dice llamarse Susana, pero detrás de ese nombre ¿no se ocultan acaso Nicanor y Violeta misma?

María Eugenia Bravo Calderara

Winning Stories

~

Relatos Ganadores

First Prize ~ Primer Premio

The *Cantora* and her *Vihuela*
~
La Cantora y su Vihuela

Fermín Pavez Sandoval

The *cantora* and her *vihuela*[2]

Fermín Pavez-Sandoval

'There comes the *cantora*! With her voice and her *vihuela*, even grannies want to sing!' –my mother shouted unrestrained, while she cleared the way for this great flower of a singer to come in.

People stopped what they were doing when they listened to her singing. Births, christenings, farewells, weddings, blessings for sowing time or celebrations for good wheat or oat crops, funerals. She even livened up *ramadas dieciocheras*[3]. She liked to sing to everything that lived, and to those who died; to the wind, the sea, love, pain, sorrow, gaiety, love, pain, human injustice, the divine, the peasants' plough; that is, she sang to everything.

Her singing was a shout against injustice, a prayer to absent gods. Her heart was always a mighty beat for

---

[2] The word for *singer* is *cantante* but a rural singer is called *cantora* in Chile. *Vihuela* is a word for guitar, used by rural musicians. (Translator's Note)

[3] Chileans celebrate Independence Day on the 18th of September. Besides military celebrations, temporary pubs are built for celebration purposes, called *ramadas dieciocherus*, where people drink, sing and dance. (Translator's Note)

those who lacked a voice or enough courage to face the losses that were hidden over the clouds, covered in oblivion and masters neglect. A white horse appeared, it might have been of pure blood or a different one, truth is nobody really paid attention to the colour of the blood that ran along the animal's great veins. It was ridden by a woman with a grey hat on her head, grey like the day she was born, up in the north of Chillan. She was steadily holding both her guitar and the horse reins, as steadily as if it were a lover not wanting to go away. Her melancholic smile stuck to her thin lips like a pearl of the East.

'I'm here to sing for the newlywed!', she said to a crowd consisting of two dozen men and women, all of them wearing their best *pilchas*[4] –women draped in their best festive clothes, no apron, no shoot stained hair from their cooking on stoves fuelled by coal or firewood. Men were *afutrados*[5], though their hardened faces were covered in sweat, and their corned hands were tired from labouring the land they never owned, from morning to dawn. Tiredness, poverty pain, and grievances born from

---

[4] The word *pilcha* comes from Mapudungun, meaning poor clothes.
[5] *Futre* is the word used by peasants to refer to the master, with a rather derogatory connotation. *Afutrado* means looking like a *futre*, that is, elegant, smartly draped. (A bit old fashion term but fits well in fiction literature)

the wind, would be forgotten for that special occasion – two young people would promise to love and be faithful to each other on any account. It would mean no change in the rigour of their uncertainty, but they would face it with an endless wish to live and face both the summer heat and winter frost and rain. Everybody was waiting for this goddess of the *campesino* song. They were waiting for her generous resonant voice and her *vihuela* or guitar with its strings made of gold and tears. She sang, yelled, cried, she even drank wine from a lamb's skin, she swallowed *ponche* and *mistela*[6] to help sausage and rabbit stew and *asado al palo*[7] go down her throat, to celebrate the wedding of *'on* Segundo and *'oña* Guillermina[8]. He had been born a peasant and ploughed the land every autumn for it to yield wheat by the end of the summer. She was a city girl, but happy to have swapped the cement jungle for the sap of the countryside.

---

[6] *Ponche* and *mistela* are traditional alcoholic drinks in Chile.
[7] *Asado al palo* is a kind of Chilean barbecue where a stick is passed through a lamb, goat or calf to cook it hanging over wood or coal fire.
[8] *'on* and *'oña*, short for *don* and *doña*, used in the rural world meaning *Mr* and *Mrs*.

When Violeta sang to the *angelitos*[9], who go straight to heaven, she would always shed tears for the innocent who had left this complicated world too soon. She had sung for practically everybody, but she had never done it for such an honourable audience like this one. Everybody was honourable for her, it didn't matter whether they were kings or plebeians, poor or rich, black or white, fat or slim –in the end we are all equal in the Universe.

'There's a sort of huge magic in this *iñora*'s[10] songs, am I right, uh?' –Guillermina whispered to her best friend Lucía.

'Why do you think that?'

'Let me tell you I wasn't very sure I should marry Segundo, but after I listened to her songs, so full of love, so full of I don't know what, I am more convinced than ever that I want to marry him, you know', Guillermina said to her.

'Somebody told me she once came to sing at a wake, and the dead man suddenly resurrected, and went

---

[9] A dead baby or child is considered a little angel in the rural world, hence, *angelito*.
[10] *'iñora*, short for *señora*, meaning *lady* in this context. (Translator's Note)

out of the coffin, singing...', Lucía declared to an incredulous bride.

'I'm telling you, once, it had been such a rainy year that my harvest and crop were absolutely ruined, you know, but she came and sang to bless the seeding, and I had the best crops I'd had in many years', a peasant named Evaristo assured them. He was closely listening to the ladies' conversation. They just shrugged their shoulders, with a kind and warm smile, and stopped talking.

Time went by, filled with monotony and exertion in the humble homes adjoining the sown pastures of the countryside in Chillan. Very early on a Sunday, workers were looking forward to their wives cooking lunch for them, and to the overseer being kind enough to take his gramophone out to the large farmhouse yard as usual. There he would play his carefully kept 78 rpm records, and the workers would listen to fashionable old music by Libertad Lamarque and Carlos Gardel, among others, on the only free day they had. Suddenly, *Don* Samuel[11] came out from the long bright tiled corridor. He stopped the

---

[11] *Don* is equivalent to *Mr* but used with the first name. (Translator's Note)

gramophone to make a shocking and rather sad announcement:

'The *cantora* of our town is dead! She died singing to an impossible love!'

Everybody was speechless — surprise took possession of these men's dry hungry mouths. After some minutes of silence and consternation, a younger man shyly asked: 'When and how did she die? They all looked at one another, shrugging shoulders.

'According to Chillan's newspaper *La Difusión*, the death took place a month ago in Santiago. They say that she just simply shot herself on the head and that she would have done this because of an evil love', the man informed... everybody was silent.

'But that can't be so! No, no, no, sir!' a robust middle height man protested.

'It's here, it's very clear, in capital letters', *don* Samuel was showing the newspaper headline that covered the whole page, which clearly read: "Violeta committed suicide!"

'But it doesn't say she shot herself, Don Evaristo replied like an old bell, out of tune because of time and rust. Everybody went silent, and sorrow was apparent on their faces wrinkled by the weather, the sun and the cold winds of working the land. But Ramón kept refusing to believe the news.

'But last week she was singing at the christening of '*oña* Fresia Retamales's little baby because everybody was sure she was dying, including the priest who blessed her every day, but the next day she was completely recovered!' Ramón declared again and again.

'I always said that this woman with an angelic voice was a saint that could even revive the dead, and a champion for the cause of the poor', my mother said, while inviting everybody to rise in order to sing and dance to her.

'The *cantora* and her *vihuela* will soon come, and grannies will want to sing!' an elderly gentleman shouted, making eyes at my mother while sitting in a corner of the corridor in the old colonial farmhouse.

The crops that year were the best for a very long time, despite the heavy drought, but of course, Violeta had sung for the seeding the previous November.

Translated by Guisela Parra-Molina

La cantora y su vihuela

Fermín Pavez Sandoval

¡Ahí viene la cantora, que con su voz y su vihuela hace cantar hasta las abuelas! —gritaba desaforadamente mi madre, mientras abría paso a la gran flor de cantante.

La gente se paralizaba al oír su voz; nacimientos, bautizos, despedidas, casamientos, bendiciones a la siembra o celebrar las buenas cosechas de trigo o avena, funerales; amenizaba todo... ¡hasta a las ramadas dieciocheras! Gustaba cantarle a todo lo que vivía y también a lo que moría; al viento, al mar, al amor, al dolor, a las penas, las alegrías, a la injusticia humana, a lo divino, al arado campesino, en fin; le cantaba a todo.

Sus cantos gritaban contra la injusticia, plegarias a dioses ausentes, su corazón siempre latente y potente para los que carecían de voz o valor para enfrentar las pérdidas que se escondían allá arriba sobre las nubes cubiertas de olvido y de negligencia patronal. Un caballo blanco apareció de repente, de sangre fina o de la otra; la verdad nadie reparó en el color de la sangre que corría por las grandes venas de este animal. Lo jineteaba una mujer, de sombrero gris, como el día en que nació al norte de Chillán. Aferraba firmemente su guitarra y la rienda del caballo tan firme como a un amante que no desea marcharse de nuestros brazos. Su sonrisa, melancólica, estampada en los labios finos como una perla del Oriente.

—¡Vengo a cantarle a los novios! —le dijo a la multitud de un par de docenas de hombres y mujeres: todos con sus mejores "pilchas". Ellas con sus mejores y más coloridos vestidos sin sus acostumbrados delantales y cabello teñidos del hollín de las ollas de las cocinas a leña o carbón; ellos, todos "afutrados"; de manos cansadas y llenas de callos y sudor, cubriendo sus curtidos rostros laborando la tierra de sol a sol, tierra que nunca poseyeron. El cansancio, el dolor de la pobreza y las penas hijas del viento se olvidarían por ese día tan especial; dos jóvenes se prometerían amor y lealtad eterna a toda prueba, enfrentándose al mismo rigor de la incertidumbre, pero con un infinito deseo de vivir y enfrentar los calores del verano y las escarchas y lluvia del invierno. Él, un campesino de nacimiento araba la tierra en otoño para hacerla producir trigo hacia el fin del verano; ella, una hija de la ciudad; pero feliz de haber cambiado la selva de cemento por la savia campesina.

Todos esperaban a esta diosa de la canción campesina; de vozarrón altruista y su vihuela o guitarra con cuerdas de oro y de lágrimas. Cantó, gritó, lloró—

hasta bebió vino desde el cuero de un cordero—; le hizo al ponche y la mistela para poder bajar las longanizas y el estofado de conejo y al asado al palo para celebrar el casamiento de 'on' Segundo y 'oña Guillermina.

Al cantarle a los angelitos, que se van directo al cielo, siempre derramaba lágrimas por el inocente que se había marchado demasiado temprano de este complicado mundo. Prácticamente le había cantado a todo el mundo, pero jamás lo había hecho a este tan distinguido público. Para ella todos eran distinguidos; háblese de reyes o plebeyos, pobres o ricos, negros o blancos, gordos o flacos, al fin y al cabo, somos todos iguales en este infinito Universo.

—¡Hay una suerte de mucha magia en las canciones de esta 'iñora', mire oiga! —le susurraba Guillermina a su mejor amiga Lucía.

—¿Por qué cree Ud. eso?

—Resulta que yo no estaba muy segura de casarme con Segundo, pero después de oír sus canciones, tan llenas, de amor y de no sé qué, estoy más segura que nunca de casarme, ¿sabe? —le aseguró Guillermina.

—Pues a mí me contaron que una vez ella fue a cantarle a un velorio y el finadito de repente resucitó y salió cantando del ataúd—... le aseguró Lucía a una incrédula novia.

—Les digo que un año, había llovido tanto, que mi siembra estaba totalmente arruinada, ¿sabe? Pero vino ella a cantar para la bendición de la siembra y tuve la mejor cosecha, por muchos años —les aseguraba un campesino, de nombre Evaristo, quien estaba atento a la conversación de estas damas—. Ellas solo se encogieron de hombros, con una tibia y amable sonrisa, sin continuar con la conversación.

Pasó el tiempo, lleno de monotonía y esfuerzo en los hogares humildes a la orilla de los potreros sembrados del campo chillanejo. De repente un domingo, bien tempranito, único día de descanso de los trabajadores— quienes normalmente esperaban que sus esposas cocinaran el esperado almuerzo, que el capataz del fundo se "paleteara" y sacara su vieja vitrola al amplio patio de la casona patronal para poner discos de 78 rpm y escuchar viejos temas de Libertad Lamarque, Carlos Gardel, entre otros cantantes de moda. De repente, como decía, Don Samuel, salió corriendo del largo corredor de baldosas brillantes. Detuvo la vitrola para hacer un anuncio, triste y sombrío:

—¡Murió la cantora del pueblo, murió cantándole a un amor imposible!

Todos enmudecieron, sin palabra alguna saliendo de las bocas secas y con hambre de esos hombres. Tras algunos momentos de silencio y consternación, uno de ellos, unos años más joven que el resto, preguntó tímidamente.

—¿Cuándo y cómo murió?

Todos se miraron entre sí, encogiendo los hombros.

—Según el diario *La Difusión de Chillán* el deceso ocurrió hace un mes atrás en Santiago; se disparó un tiro, y lo habría hecho por un mal amor— les informó el hombre... Todos guardaron silencio, mirándose a sus rostros curtidos por el campo sureño.

—¡Pero eso no puede ser, no, no, no señor! —protestó firmemente un hombre de estatura mediana y cuerpo muy fornido.

—Está aquí, clarito—, don Samuel mostraba el titular del diario, que cubría toda la página en la cual se leía claramente: ¡Se suicidó la Violeta!

—Pero no dice que se disparó—, repicó Don Evaristo, como una vieja campana desafinada por el tiempo y el óxido.

Seguían todos en silencio y la pena era muy visible en sus rostros arrugados por el tiempo, el sol y los vientos fríos del trabajo en el campo. Pero Ramón seguía resistiéndose a creer en esa noticia.

—¡Pero yo oí por ahí que se había tirado un balazo, oiga mire! —dijo un hombre sentado casi al final del viejo corredor. Pero nadie prestó la menor atención a este comentario. Por un breve momento reinó un silencio casi sepulcral.

—¡Pero si la semana pasada estuvo cantando para el bautizo de la bebecita de 'oña' Fresia Retamales, porque todos decían, incluyendo el cura que la santiguaba todos los días, y aseguraban que se moría; pero al día siguiente se mejoró por completita! —aseguraba y reaseguraba una y otra vez, este hombre.

—Yo siempre supe que esa mujer, con voz de ángel era una santa que hacía revivir hasta los muertos y que era campeona de la causa de los pobres —decía mi madre, a la vez que urgía a todos a cantar y bailar por ella.

—¡Ya vendrá la cantora con su vihuela a hacer cantar a las abuelas! —gritaba un señor de avanzada edad, mirando coquetamente a mi madre y sentado en un rincón del corredor de esta vieja casona colonial campesina.

Las cosechas de ese año fueron las mejores en muchísimo tiempo a pesar de la inmensa sequía; pero, claro, la Violeta le había cantado a la siembra en noviembre del año anterior.

Second Prize ~ Segundo Premio

Pablo is missing

~

Pablo ausente

Patricio Andrés Olivares

Pablo is missing

Patricio Andrés Olivares

> '*El amor es un camino que de repente aparece,*
> *y de tanto caminarlo se te pierde.*'[12]
>
> Víctor Jara.

Do you remember the time, Pablo, when we met at Santa Ana subway station to play truant? Perhaps you don't even remember, but it was like a typical September morning, a spring morning slowly foreshadowing kites in the air, streets smelling of barbecue, smelling of *chicha*, *empanadas*[13], wine. The overwhelming joy of a people that celebrate freedom from something they still haven't achieved independence from – colonialism, exploitation, slavery. I don't know if you remember that morning, Pablo, but we were walking

---

[12] *Love is a path that comes up suddenly, and you lose it from walking it so much.* (Translator's Note).
[13] *Chicha* is a typical Chilean alcoholic drink, and *empanadas* are a typical food, both associated with Independence Day, on the 18th of September. (Translator's Note).

along Compañía Street. Our school was located near Brasil Square, we were 16 or 17 years old. It would be so good to go back to seventeen[14], wouldn't it?

I can't clearly remember whether it was 6th or 5th grade, but the white and gorgeous clouds in the sky that morning are clear in my mind, like a never fading photograph that remains present over time. I remember that because it was the first time I did something against the rules, the first time I was disobedient, and it was your idea, Pablo'.

The cigarette is going off between Cristobal's fingers, now and then he looks up from the glass of wine and sees the water flow from one of Castlefield canals in Manchester, his eyes showing a veil of nostalgia. He drinks his beer and looks at Pablo. Both are in their 40s. Pablo is dark skinned and has grown a beard which is a bit longer than usual, his skin covered in tattoos and he has long hair. His eyes show a deep look and his brown eyes seem to be always looking over the horizon. Wrinkles seem to be gradually showing up, and when he smiles, dimples make his smile very special. His voice is deep, so his speech sounds as if he was reading poetry, a

---

[14] Reference to *Volver a los 17*, a song by Violeta Parra. (Translator's Note).

dream that made him leave Chile, and settle down in European land.

Cristobal, on the other hand, has blonde hair, he is tall, and can easily be taken for an Englishman. His German ancestors gave his DNA blue eyes, white skin, blonde hair, and a foreign surname, which may be of great importance in Chile, but none at all in Europe.

They had met at *Instituto Alonso de Ercilla*, a school known as *Marist Brethren*, when they were attending third grade, and they shared the same classroom for four years. Moreover, their desks were close to each other for over three of those four years, so one could guess the other's mind just by looking at him. Pablo was good at humanities, while Cristobal was good at numbers and languages. They were perfectly complementary as far as studying goes, but not only were they a complement to each other in that aspect – they soon became aware that a feeling beyond their budding friendship was beginning to spring up within them. But this was unlikely, unhealthy, abnormal, in a school run by priests. So, they couldn't let their emotions run free. For priests that was perversion and Satan's deed, so both carried their feelings around like a load.

'Do you remember, Pablo, that we walked nervously along the streets of Barrio Yungay, which is now a bohemian neighbourhood where some elite motherfuckers come and set their boutique hotels, their delicatessen grocer's, and whatever products they can think of, to please the snob people who think of themselves as artists in present Chile, but don't know a thing about folklore and tradition? They talk about Pablos (Neruda and de Rokha) without even knowing that they hated each other, but deep inside they shared coming from the world of the working class. We talked about Viola herself who suffered in the flesh – loneliness, heartbreak, abandonment, among other things, and glory wasn't all she experienced. Do you remember that we passed by *'Peluquería Francesa'*[15] and we had no idea about its history, or about the stories people tell about it? We spoke about the time when we walked along Matucana and Compañía streets and we saw Manolo, the Spanish boy who had just arrived at the *Instituto* and waved hello to us, and we joked for a while speaking like Spaniards until we came to the park entrance and smoked our first morning cigarette while we stuck our jackets and ties in our backpacks.'

    Cristobal rolled another cigarette for himself, while Pablo was watching a drop of wine slide over the edge of his glass, straight down onto his index finger. He took the

---

[15] French Hairdresser's (Translator's Note).

bottle of Chilean wine and helped himself again. He looked at Cristóbal, and he let him know with a glance that he wanted some more as well. Cristobal lit his cigarette and sighed a deep sigh.

'Of course, I remember that day, I even remember stealing my mother's cigarettes the night before. They were called *Advance*; I guess that bullshit doesn't exist anymore. I remember coming into the park in Quinta Normal around 8.30 in the morning, waiting for the Natural History Museum to open, and thoroughly touring its premises in complete silence and complicity. I remember that when we went out we drank a bottle of wine you had taken from your parents' home, and besides, we kissed for the first time. Of course, I remember absolutely everything, and in case you don't, we were in 6th grade. After that we wandered up to the top of Santa Lucía and looked over the city. It had rained on the previous day and Santiago looked beautiful, though at the time there wasn't so much smog as there is now.'

Long eleven years went by with neither of them hearing from the other, as after they graduated from 6th grade they had gone different ways. Pablo went to study in the South of Chile, while Cristóbal started his journey around Europe. They met again though Facebook. Cristóbal had become a translator in Spanish, German and English, while Pablo's life was that of a frustrated Rimbaud, with a useless Psychologist degree. While the latter had hidden his homosexuality, the former had already had several lovers, although Pablo was always in his mind. After a few conversations through the social net, Cristóbal decided to go back to Chile, in search of that forgotten love. Both of them were over 30, Pablo had had several heterosexual lovers, mainly out of fear. When he saw Cristóbal again, he knew his homosexual nature was still there as it always had been. Their reunion was not only kissing — they decided to live together at once. They rented a flat near Parque Bustamante and stayed there for about four years, until they decided to come and live in Europe. It was Cristobal's decision. England was chosen because both could speak English — one of the reasons he argued was the chance to be free to live their love, and the other one was financial well-being, a possibility which did not exist in Chile.

Days went by, nights went by, things got better and better every day for Cristóbal as far as work was concerned, while Pablo wrote at night, but this country felt alien to him, and things went around in his head. But he couldn't think of a way to tell Cristóbal about his decision, or explain to him that memories of Chile felt like a deep heavy load on his mind, so he decided to let it all out:

'I'm going back to Chile, I can't stand this country any longer. Do you remember Violeta Parra's song about her sorrow, her nostalgia and longings for Chile? I think that's what I'm going through, I hate our being such a culturally reactionary country, from the bottom of my heart, but I miss my friends, my food, my family, I miss everything. How I wish you came back with me, I wish we could go strolling along Quinta Normal again, climbing Santa Lucía... believe me when I say these years with you have been wonderful, but I feel I miss something... We are nothing but memories of the most cherished moments in our lives...' Pablo stood up, Cristóbal looked at him and said nothing. Pablo put his earphones on and started walking away while listening, *¿Por qué me vine de Chile/tan bien que yo estaba allá? /ahora ando en tierras extrañas/ay, cantando como apená...*[16]

His eyes shed a couple of tears, but there was no going back. Next morning, he got on the plane back to Chile. Only one image remained in his memory — that of

---

[16] *Why did I leave Chile/ there I was at ease/ now I'm roaming alien lands/ I'm singing but, alas, in sorrow...* - Violeta Parra's song (Translator's Note)

two adolescents kissing in Quinta Normal Park on some September noon.

Translated by Guisela Parra-Molina

Pablo ausente

Patricio Andrés Olivares

*"El amor es un camino que de repente aparece,
y de tanto caminarlo se te pierde."*
Víctor Jara.

Te acuerdas Pablo, de esa vez que nos juntamos en el metro Santa Ana para hacer la cimarra? A lo mejor ya ni te acuerdas, pero esa mañana estaba como una típica mañana de septiembre, una mañana de primavera que anuncia de a poco los volantines en el aire, el olor a asado en las calles, el olor a chicha, a empanadas, a vino. La alegría desbordante del pueblo, que festeja una liberación de algo de lo cual aún no se independiza, el colonialismo, la explotación, la esclavitud.

Yo no sé si tú te acuerdas, Pablo de aquella mañana, pero caminamos por Calle Compañía. Nuestro colegio quedaba cerca de la plaza Brasil, teníamos acaso 16 ó 17 años, ¿que bueno sería "volver a los 17", ¿no lo crees?

No recuerdo con claridad si fue en cuarto medio o en tercero, pero sí las nubes en el cielo, blancas y despampanantes de esa mañana se ven claramente en mi mente, como una fotografía que no pierde colorido ni vigencia en el tiempo.

Lo recuerdo porque fue la primera vez que hacía algo que estaba fuera de las reglas, la primera vez que desobedecía y fuiste tú Pablo, el de la iniciativa.

El cigarrillo se consume en los dedos de Cristóbal, de vez en cuando levanta la vista del vaso de vino y mira cómo fluyen las aguas de uno de los canales de Castlefield en Manchester, por sus ojos un velo de nostalgia. Toma su cerveza y mira a Pablo, ambos están cerca de los 40 años. Pablo es moreno y usa una barba un poco más larga de lo habitual, lleva tatuajes y usa el pelo largo. Tiene una mirada profunda y sus ojos café siempre parecen estar mirando más allá del horizonte. Alrededor de sus ojos las arrugas comienzan lentamente a aparecer y cuando sonríe dos margaritas hacen de esa sonrisa algo muy especial, su voz es profunda y cuando habla parece estar leyendo poesía, sueño que lo hizo abandonar Chile para instalarse en tierras europeas.

Cristóbal por su parte es rubio, alto y fácilmente puede pasar por inglés, su ascendencia alemana, dejó en su ADN, los ojos azules, la piel blanca, el cabello rubio y un apellido extranjero, cosas que en Chile suelen tener mucha importancia, pero que, en Europa, no tienen absolutamente ninguna, y ellos siempre lo tuvieron claro.

Se conocieron en el Instituto Alonso de Ercilla, conocido popularmente como Hermanos Maristas, cuando estaban en primero medio. Durante cuatro años compartieron aulas, incluso, es más, se sentaron juntos por más de tres de esos cuatro años, cada uno conocía al otro con tan solo mirarlo. Pablo era bueno en todos los contenidos humanísticos mientras que Cristóbal era bueno con los números y en los idiomas, se complementaban en los estudios a la perfección, pero no fue solo el complemento en los estudios, poco a poco se empezaron a dar cuenta de que había sentimientos, más allá de la amistad que empezaban a nacer dentro de ellos; pero eso en un colegio de curas era improbable, insano, anormal. Por lo tanto, no podían dar rienda suelta a sus emociones. Para los curas eso era perversión y obra del demonio. Así es que ambos silenciosamente cargaban con sus sentimientos.

—¿Te acuerdas Pablo que caminamos muy nerviosos por esas calles del barrio Yungay, que ahora es un barrio bohemio donde algunos cabrones de la elite vienen a poner sus hoteles boutique, sus boliches gourmet, y cuanto ni que otro producto para el arribista que se cree artista en este Chile actual, y que no saben nada del folclore y la tradición? Que hablan de los Pablos (Neruda y de Rokha) sin siquiera saber que se odiaban mutuamente, pero que compartían en lo más profundo de su ser venir del mundo popular; que la Viola sufrió en carne propia, la soledad, el desamor, el abandono, entre otros y no solo supo de gloria. Que pasamos por la

"Peluquería Francesa" y no teníamos idea de su historia, ni de las historias que se cuentan con respecto a ella. Que llegamos a Matucana con Compañía, y que vimos a Manolo, el muchacho español que había llegado hacía poco al Instituto y que desde el auto nos saludó moviendo su mano, y que jodimos un rato hablando como españoles, hasta llegar a la entrada del parque y fumarnos nuestro primer cigarro de la mañana, mientras metíamos el vestón y la corbata en las mochilas.

Cristóbal se lio otro cigarrillo, mientras Pablo, miraba cómo por el borde de la copa, del vino pedido después de la cerveza, una gota se deslizaba suavemente hasta llegar a su dedo índice. Tomó la botella de vino, chileno obviamente, y se volvió a servir, miró a Cristóbal, éste con una mirada asintió que él también quería más. Cristóbal prendió su cigarrillo y suspiró profundamente y dijo:

—Claro que me acuerdo de ese día, me acuerdo incluso de haberle sacado los cigarros a mi madre la noche anterior, *Advance* era la marca, creo que esas hue'as ya no existen. Recuerdo que entramos al parque en Quinta Normal como las 8:30 de la mañana, que esperamos a que abriera el Museo de Historia Natural y que recorrimos sus instalaciones por completo en un silencio mutuo y cómplice. Recuerdo que cuando salimos nos tomamos un vino que tú habías sacado de tu casa, y que además de ello ese día nos dimos nuestro primer beso, claro que me acuerdo de absolutamente todo y si tú no lo recuerdas, estábamos en 4º medio. Después de eso nos fuimos al Santa Lucía y caminamos sin rumbo fijo, hasta llegar a la cima y miramos la ciudad, el día anterior había llovido y Santiago se veía muy lindo, aunque en aquellos tiempos, no había tanto smog como lo hay ahora.

Largos once años pasaron sin saber nada el uno del otro, después de la graduación de 4º medio cada uno emprendió su propio rumbo. Pablo se fue a estudiar al sur de Chile, mientras Cristóbal comenzó su periplo por Europa. Se reencontraron a través de Facebook. Cristóbal se había transformado en un traductor de español, alemán e inglés, mientras la vida de Pablo era la de un Rimbaud frustrado, con un título de psicólogo que no servía para nada.

Mientras este último ocultaba su homosexualidad, el otro había ya tenido varias parejas, sin embargo, en la memoria estaba siempre Pablo. Después de algunas conversaciones por medio de la red social, Cristóbal decidió volver a Chile, en búsqueda de ese amor olvidado. Ambos ya habían superado los 30 años, Pablo había tenido varias parejas heterosexuales, principalmente por miedo. Cuando volvió a ver a Cristóbal, supo que su naturaleza homosexual, seguía en él como lo había estado siempre. El reencuentro no fue solo de besos, decidieron inmediatamente vivir juntos. Se fueron a un departamento cerca del Parque Bustamante, ahí estuvieron por aproximadamente cuatro años, hasta que por decisión de Cristóbal decidieron venirse a vivir a Europa. Inglaterra fue el lugar elegido, pues ambos hablaban inglés, una de las razones que éste argumentó era la posibilidad de vivir su amor libremente y la segunda, la posibilidad de un desarrollo económico que en Chile no existía.

Los días pasaban, las noches pasaban; para Cristóbal las cosas cada vez iban mejor en lo laboral, mientras Pablo, escribía por la noche, pero este país le era extraño, y en su cabeza las cosas daban vueltas y vueltas. Pero no sabía cómo explicarle a Cristóbal su decisión ni cómo el recuerdo de Chile le pesaba muy profundamente, decidió entonces decirlo todo:

—Me vuelvo a Chile, no aguanto más este país; ¿te acuerdas del tema de Violeta Parra, donde habla de su tristeza, de sus añoranzas de Chile? Creo que me pasa lo mismo, odio con todo mi ser lo culturalmente retrógrados que podemos llegar a ser como país; pero extraño a mis amigos, las comidas, la familia, lo extraño todo. Cuánto me gustaría que tú volvieras conmigo, que paseáramos por la Quinta Normal de nuevo, que fuéramos al Santa Lucía, créeme que estos años contigo han sido maravillosos, pero siento que algo me falta... Nosotros no somos nada más que la memoria que guardamos de nuestros más queridos recuerdos de nuestras vidas...

Pablo se paró de la mesa, Cristóbal lo miró sin decir nada. Pablo se puso los audífonos y comenzó a caminar, mientras escuchaba *¿Por qué me vine de Chile/tan bien que yo estaba allá? / ahora ando en tierras extrañas/ ay, cantando como apená...*

De sus ojos cayeron un par de lágrimas, pero ya no había vuelta atrás. A la mañana siguiente, tomó el vuelo a Chile. Solo una imagen quedaba en el recuerdo, dos adolescentes besándose en un medio día de septiembre en el Parque Quinta Normal.

Third Prize ~ Tercer Premio

The *Arpillera*
~
La Arpillera

Marijo Alba

The *Arpillera*

Marijo Alba

A group of twelve people, eight women and four men from different parts of the world, swirled around the guide at the entrance of the museum. She was a young, dark skinned girl of Mapuche features.

'The *arpilleras* and paintings we are about to see were shown for the first time at the Decorative Arts Museum in Louvre Palace, Pavillon de Marsan, Paris, in 1964. *Arpilleras* are made of burlap, giving them a tough and coarse appearance. Burlap was used for sack fabrication, but it is now considered obsolete, and has been replaced by plastic. Nowadays, flour sacks provide the material used to develop the technique. Different pieces of cloth shaped beforehand are stitched by the edges onto an osnaburg or crewel canvas, using woolen or cotton embroidering thread of different colours. The *arpillera* you are looking at is one of the works shown at Louvre Museum. *"Las arpilleras son como canciones que se pintan"*, Violeta Parra used to say. Through their naïf style, with a cubist touch, I dare say, she depicts human figures, animals, and custom scenes of her time. Violeta expresses human depth in her work, vindicating folklore and popular traditions of the working class and the rural world. The works we are about to see...' The museum guide turned to the opposite wall, followed by the visitors.

'They're gone', the birdie said. The little twig in its beak made it difficult for him to speak clearly.

'They're nasty, these guides, they talk more than they should, and I don't like people's stares, they're a bunch of fools, שוטה', the mad Christ said.

'You're an atypical Christ, and that puzzles people,' –the birdie was silent for a couple of seconds. 'I like the way Viola made us'.

'What do you mean, atypical?'

'You're different from other Christs.'

A young couple was about to take a selfie by the *arpillera*, but the watchman made them a signal with his finger not to.

אלוהים אן'! My God! But, have you had a good look at me? I don't want to be different, I am Jesus, the Messiah, son of God and King of the Jews...'

'And she was Violeta Parra" –the birdie reflected on it for a moment. 'Her world view was quite different from other people. Do you know the name she baptized you by?'

'What name is that?'

'Christ in a bikini'.

'CHRIST IN A BIKINI!', he yelled. 'Fucking bitch! What was she thinking when she named me that and created me? Wait till they learn about this in Rome, she'll be excommunicated.'

'Viola had only one religion –art.'

'All right, then why did she create me? Is that her personal view? Was my crucifixion not enough for her, so she leaves one of my arms hanging down, and the other one stitched to this white cross? Everybody sees my heart bleed, I suffer from torticollis and see the world askew. She meant to embroider a tear on my face and it looks as if she had made a cut on it instead. My head looks like a billiard ball... The even haircut I had used to look so nice and blonde... And to make it worse, she puts a loincloth that looks like a miniskirt on me. What have I done to her, for her to do this to me? Tell me...'

'Shut up, shut up, a family with children are coming.

The family stopped and looked at the *arpillera:* Christ in a bikini, they read on the information sheet. The woman laughed, and the children tilted their head, imitating the position of the Christ, and went on to the next piece of work.

Translated by Guisela Parra-Molina

La Arpillera

Marijo Alba

A la entrada del museo un grupo de doce personas, ocho mujeres y cuatro hombres de diferentes partes del mundo, se arremolinaron alrededor de la guía del museo, una chica joven de piel morena y rasgos mapuche.

—Las arpilleras y pinturas que vamos a ver fueron expuestas por primera vez en el Museo de Artes Decorativas del Palacio del Louvre, Pavillon de Marsan, París en 1964. Las arpilleras están hechas en estopa, dando un aspecto grueso y áspero. La estopa era empleada para la fabricación de sacos, hoy en día es un material caído en desuso, el plástico lo ha reemplazado. Actualmente la técnica se elabora sobre sacos harineros, o en su mayoría sobre telas como el osnaburgo y crea, sobre la cual se compone con diferentes trozos de tela con formas predefinidas, las cuales se unen por sus bordes con puntadas de bordados empleando lanas o hilos de diferentes colores. Esta arpillera que ustedes están viendo fue una de las que estuvo expuesta en el Louvre. *Las arpilleras, son como canciones que se pintan*, decía Violeta Parra. Su estilo naif, incluso me atrevería a decir con toques de arte cubista, representa la figura humana, animales y escenas costumbristas de la época. En su trabajo, Violeta expresa la profundidad humana, donde podemos apreciar la reivindicación del folclore y las tradiciones populares del mundo obrero y campesino. Las siguientes obras que vamos a ver... La guía del museo se dirigió hacia la pared de enfrente, seguida de los visitantes.

—Se fueron —dijo el pajarito sin poder hablar muy claro por la ramita que lleva sujetada al pico.

—Son pesados estos guías, hablan más de la cuenta, y no me gustan las miradas de la gente, tontos, שוטה —dijo el Cristo enfadado.

—Eres un Cristo atípico, y esto sorprende a la gente —guardó silencio unos segundos—. Me gusta cómo nos hizo Viola.

— ¿Qué significa atípico?

—Eres un cristo diferente a los demás cristos.

Una pareja de jóvenes se disponía a tomarse una fotografía junto a la arpillera, cuando el vigilante les hizo señas con el dedo negativamente.

—אלוהים אין! ¡Ay Dios! Pero ¿tú me has visto bien? Yo no quiero ser distinto, soy Jesús, el Mesías hijo de Dios y rey de los judíos...

—Y ella era Violeta Parra —el pajarito reflexionó un momento—. Con una visión del mundo muy distinto a las demás personas ¿Sabes cómo te bautizó?

—¿Cómo?

—Cristo en bikini.

— ¡CRISTO EN BIKINI! —gritó— ¡la concha de su madre! ¿Qué estaba pensando esta mujer cuando me puso ese nombre y me creó? Como se enteren en Roma la excomulgarán.

—Viola solo tenía una religión —el arte.

—Ah. Bien, entonces, ¿por qué me creó? ¿Esta es su visión personal? No le bastó con la crucifixión que va y me deja un brazo colgando, y el otro cosido a una cruz blanca, todo el mundo ve mi dolorido corazón sangrar, padezco torticolis y veo el mundo ladeado. Quiso bordarme una lágrima y parece que me ha cortado la cara. Mi cabeza es una bola de billar, con la bonita melena rubia que yo tenía. Para colmo me pone un taparrabo que parece minifalda. ¿Qué le he hecho yo para hacerme esto? Dime...

—Calla, calla viene una familia con niños.

La familia se detuvo frente a la arpillera, *Cristo en bikini*, leyeron en la ficha técnica, la mujer rio y los niños ladearon la cabeza imitando la posición del cristo. Se dirigieron hacia la siguiente obra.

Runners-up

~

Menciones honrosas

Blue Violeta

Patricia Díaz

Knock, knock.
'En dix minutes, Madame Violet!' the announcer's voice shrieked from the other side of the door. A red shoe flew from a corner of the dressing room and the heel left a faint mark on the cheap wood.

'Damned Frenchies! When are they going to learn to pronounce my name?'

Far off, on the stage of L'Escale, Paco Ibañez sang his litanies strumming the guitar strings.

Violeta turned off the light. The neon sign of the Chat Bleu, the jazz club at the side of the theatre, lit the basement with a blue beam.

'That's better. I remember that night with the full moon...'

She sat before the mirror. She loosened her hair, still black even at age 45. It covered half her face, hiding the tiny scars on her cheeks left by childhood smallpox. She pulled down one sleeve of her blouse, uncovering a smooth shoulder. She lowered her eyelids and opened her mouth, searching for a kiss. Juancho responds with the uncontrollable ardour of his 18 years and she is aroused without knowing what awaits her. Juancho brought the firewood to heat her house in the winter. It was the only pleasure for her and her eight siblings to wait throughout the long day for a single meal. Their mother also changed her countenance, even ceasing to pedal her old Singer sewing machine to rest. She liked it when he smiled while cleaning out the ashes from the stove, all grimy and smelling of musk. In misery, any gesture of generosity was returned with love. She promised to pay him with what he wants most. When he invites her to the river, she has already ploughed that land, always warm inside, hundreds of times. She was obliged to exchange the white sheet of paper, immaculate and seductive, and the graphite and clay pencil — with which she had already begun to write her poetry — for a hoe to be raised sorrowfully with malnourished arms. She hurts the soil with its point, ...killing the root of the potato with a dry blow. She buries her hands and pulls out the tuber, freeing it from its sandy womb. This treasured food which alleviates the madness of the famine, this miracle in a fistful of starch. For this she gives her all, wanting to be like this earth, generous and abundant in her pleasure. She allows him to squeeze her budding breasts, lick her sex and come on top of her thighs (she knows he should not leave seed in her furrow).

And back on the ranch, a torrent of rhymes flood into her head, her fingers ask the strings of her father's guitar to let loose this tune already resonating in her throat:

"Butterfly which slept calmly within me suddenly awoke wanting to go out along all the little roads of my never-ending brain..."

There was a glacial cold in the dressing room.

She hugged herself to conserve what little warmth remained in her body. She felt her nipples harden under her arms. But it was not the lips of her lovers (and there were quite a few after the first time) that her skin remembered. Stuck to her nipples, the little mouths of the babies she nursed. Rivers of milk and music. And the growing voice, becoming more and more tellurian as it departed from its homeland. Always travelling. Without stopping. Guitar in hand. If you think too much, the hunger will return, and the Grim Reaper is already sharpening its claws. It carried off her Rosita when she was two years old:

"When your flesh and blood dies, the soul looks for its place inside a poppy or a little bird."

The pain flowed through her and left behind the ten-line stanzas, the rhymes, the folk-dance songs decanted by her screaming nasal voice. Sometimes out of tune, due to the eagerness to say what was on her mind, but still she can't. Or doesn't know.

'Damn, you're ugly,' she talks to her image on the mirror, forcing herself to break out of this moment of self-absorption. She takes a bottle of gin wrapped in brown paper from her bag. That is how the clochards under the Paris bridges conserve their dignity and avoid problems with the gendarmes.

'Don't drink anymore!' Gilbert's big hand, covered in blond hair, grabbed her by the wrist before the tip of the bottle touched her lips. He lifted her up and wrapped her in an embrace. He was taller and younger than she was and dragged his RRRs when he spoke.

'You are the most beautiful woman I have ever known. Why can't you believe it, my love?' Violeta escaped from his arms and returned to the mirror.

She was alone and blue again.

Her voice, dark and deep, lets the verse softly emerge with a sob:

"To be seventeen again, after living for a century is like deciphering signs without wise competence."

Gilbert ached in her gut. Her encounter with this man-with-the-skin-of-a-baby, she now knows, was a plan. He was what her life lacked. Both their voices and bodies were chords and drums vibrating in unison, pursuing the melody of desire. She is the ripe fruit giving way to his thirst for knowledge and he, cradled like a son in her arms, is the longed-for tranquillity, water for her soul. They took Paris by storm with their music and the Louvre with their tapestries. With him, the sky was the limit. And now?

Violeta's body shook and jumped out of the chair, driven by the desire to drive out this loneliness. That artificial moon was driving her crazy. She fell upon herself. Bent over, brought to her knees by the evidence of loss. Destroyed by the absence of this love which made her feel reborn in her forties. The present had her trapped in this second-rate theatre, pushing her to sing like a canary imprisoned in a golden cage.

She let her entire body fall upon the frayed rug with a deep sigh like a complaint. It smelled of urine like the city. Her grief exhausted, nothing left but the four walls of this sordid dressing room, the distant voices requesting an encore and the sound of pedestrians on the pavement.

She wrings her hands rubbing dirt from the carpet. Despite the cold, she feels a sensation of warmth in the tips of her fingers, which she experienced pulling out potatoes from under the earth, always warm inside. A sweet breeze rustles the leaves of the myrtle, up high, over her head. Over the top of the tree she saw clouds, fluffy and glowing in their whiteness, in a blue sky which went on to infinity. On a branch, a finch sang its choppy song and the scent of a fresh ear of corn reached her nose. A wave of peacefulness enveloped her as if she were dressed in a big blanket of vicuña wool. She stayed still by the fireplace, as if Juancho would later fill it with firewood.

'I must return.'

Knock, knock!

'Madame Violet!' The voice, with its tone of outside urgency, interrupts.

Violeta jumps to her feet and turns on the light. She rescues her shoes and puts them on. She straightens her hair and skirt. She takes the guitar and goes out.

Behind the door, damaged by the red shoe's heel, a far-off thunder of applause is heard.

Violeta Azul

Patricia Díaz

¡Toc, toc!
—¡En dix minutes, Madame Violet! — chilla la voz del presentador al otro lado de la puerta.

Un zapato rojo vuela desde un rincón del camerino y el tacón deja una leve huella en la madera barata.

—¡Malditos franchutes! ¡Cuándo van a aprender a pronunciar mi nombre!

Lejos, en el escenario de L'Escale, Paco Ibáñez canta sus letanías rasgando las cuerdas de la guitarra.

Violeta apaga la luz. El aviso de neón del Chat Bleu, el club de jazz al lado del teatro ilumina el sótano con un rayo azul.

—Así está mejor. Me recuerda aquella noche de luna llena...

Se sienta frente al espejo. Se suelta el cabello, negro aún a sus cuarenta y cinco. Se cubre la mitad del rostro ocultando los pequeños cráteres dejados en las mejillas por una viruela infantil. Se baja una manga de la blusa descubriendo el hombro terso. Torna los párpados y abre la boca buscando el beso. Juancho le responde con la avidez incontrolable de sus dieciocho años y ella se enciende sin saber lo que le espera. Juancho llevaba la leña a su casa para calentarla en los inviernos. Es el único placer, que ella y sus ocho hermanos, pueden esperar del largo día con una sola comida. La madre también cambia de semblante, y hasta deja de pedalear en su vieja Singer para tomarse un descanso. Le gusta cuando le sonríe vaciando las cenizas de la estufa, todo tiznado y oliendo a almizcle como ella. En la miseria, cualquier gesto de generosidad se vuelve amor. Le promete pagarle con lo que él más quiere. Cuando él la invita al río, ella ya ha arado esa tierra, siempre calientita dentro, cientos de veces. Ha sido obligada a cambiar la hoja de papel blanco, inmaculada y seductora, y el lápiz de grafito y arcilla —con el que ya empezaba a escribir su poesía— por un azadón que a duras penas puede alzar con sus desnutridos brazos. Hiere con el pico, la raíz de la mata de papa de un golpe seco. Entierra sus manos y saca el tubérculo, que luego sacude, liberándolo de su matriz arenosa. Ese tesoro del alimento que alivia la locura de la hambruna, ese milagro en un puñado de almidón. Por eso se da toda la primera vez, quiere ser como esa tierra, generosa y abundante en su placer. Lo deja hacer: estrujar sus incipientes senos, lamer su sexo y venirse encima de sus muslos (sabe que él no debe dejar semilla en su surco).

Y de regreso al rancho, un torrente de rimas le asalta la cabeza, los dedos le piden las cuerdas de la guitarra del padre para dejar salir esa tonada que ya resuena en su garganta:

"Mariposa que dormía tranquila dentro de mí se despertó de repente queriéndoseme salir por todos los caminitos de mi cerebro sin fin..."

Hace un frío glacial en el camerino. Se abraza a sí misma para conservar el poco calor que le queda en el cuerpo. Siente los pezones endurecerse bajo sus brazos. Pero no son los labios de sus amantes (vinieron muchos más después de la primera vez) los que su piel recuerda. Pegados a sus pezones, las boquitas de sus guaguas se amamantan de ella. Ríos de leche y música. Y la voz creciendo, haciéndose cada vez más telúrica a medida que se aleja de su terruño. Siempre de viaje. Sin parar. Guitarra en mano. Si se piensa mucho, vuelve el hambre y ya la Gran Segadora le pisa los talones. Se llevó a su Rosita a los dos años:

"Cuando se muere la carne el alma busca su sitio dentro de una amapola o dentro de un pajarito."

El dolor fluye a través de ella y va dejando las décimas, los rines, las cuecas decantadas por su voz de grito nasal. Desafina algunas veces, por el afán de decir-lo-que-quiere-decir, pero aún no puede ¿o no sabe?

—Pucha, si sos fea... le confiesa al espejo, obligándose a romper el momento del ensimismamiento.

De su bolso saca una botella de ginebra envuelta en papel manila.

Así la esconden los clochards bajos los puentes de París para conservar la dignidad y evitar problemas con los gendarmes.

—¡No tomes más! —la mano grande, cubierta de vello rubio de Gilbert, la agarra por la muñeca antes de que el pico de la botella toque sus labios. La levanta en vilo y la envuelve en un abrazo. Es más alto y joven que ella y arrastra las erres cuando habla,

—Eres la mujer más hermosa que yo haya conocido ¿por qué no puedes creerlo, mi amor?

Violeta se escapa de sus brazos y vuelve al espejo. Está sola y azulada de nuevo.

Su voz, oscura y profunda, deja emerger suavemente el verso con el llanto:

"Volver a los diecisiete después de vivir un siglo es como descifrar signos sin ser sabio competente..."

Le duele Gilbert en las entrañas. Su encuentro con ese hombre de piel-de-bebé, lo sabe ahora, fue un designio. A su vida le faltaba la de él. Las voces y los cuerpos de ambos son cuerdas y tambores vibrando al unísono, persiguiendo la melodía del deseo. Ella es fruta madura que se da a su sed de conocimiento y él, arrullado como un hijo en sus brazos, es el ansiado sosiego, agüita para su alma. Se tomaron París con su música y el Louvre con sus arpilleras. Junto a él, el cielo era el límite. ¿Y ahora?

El cuerpo de Violeta se estremece y salta de la silla impulsada por el deseo de espantar la soledad. Esa luna artificial la vuelve loca. Cae sobre sí misma. Doblada, arrollada por la evidencia de la pérdida. Anulada por la ausencia de ese amor que la hizo nacer de nuevo en sus cuarenta. El presente la atrapa es ese teatro de segunda, la obliga a cantar como un canario encarcelado en una jaula de oro.

Deja caer todo su cuerpo sobre el tapete raído con un suspiro profundo como una queja. Huele a orines como la ciudad. Exhausta la pena, nada queda, excepto las cuatro paredes del vestuario sórdido, las voces en la lejanía que piden un encore y el sonido de los pasos de los peatones en el andén.

Crispa las manos arañando el polvo de la alfombra. A pesar del frío, le invade aquella sensación de tibieza en la punta de los dedos que experimentaba al sacar las papas de debajo de la tierra, siempre calientita dentro. Una brisa dulce agita las hojas del arrayán, allá arriba, sobre su cabeza. Encima de la copa del árbol ve pasar las nubes, infladas y relucientes en su blancura, en un cielo azul que continúa hacia el infinito. En una rama, una tenca canta su silbo entrecortado y el olor de la mazorca fresca le llega a la nariz. Una ola de paz la envuelve como si hubiera sido arropada con una gran manta de vicuña. Permanece quieta junto a la chimenea, como después de que Juancho la llenara de leños.

—*Tengo que volver.*

¡Toc, toc!

—¡Madame Violet! —interrumpe la voz con tono de urgencia afuera.

Violeta se pone de pie de un brinco y enciende la luz. Rescata los zapatos y se los calza. Se alisa el pelo y la falda. Toma la guitarra y sale.

Detrás de la puerta marcada por el tacón del zapato rojo, se escucha un lejano estruendo de aplausos.

September

Mabel Encinas-Sánchez

Veronica opened her eyes. They still burned a little, almost nothing. Surely the tears had cleaned them. She tried to get comfortable, she couldn't extend her left leg, so she stretched the right leg a little and cleaned her nose with the crumpled kleenex she held in her left hand. Her entire body ached. She would surely have bruises everywhere like the time that black Galaxy ran over her when she was a teenager. She asked herself how long she had been lying under the rubble. *It was around one*, she thought. *It shouldn't be so late now, maybe three or four. Everything is going to be ok*, she said to calm herself, *I am going to get out of this. I have gotten out of worse situations.*

*Your name begins with **V** for victory, victorious, veteran, one with experience, **V** for ...Violeta.* She began to hum some un-hummable songs by Violeta Parra to distract herself. She knew the *anticuecas* by heart, and not all her friends knew them. She loved all of Violeta's music. She remembered her childhood in Zacatecas when mama would put her LP records in threes on the Telefunken console. This was the way her mother recovered from the hard job as a government employee and housewife, listening to music on Saturdays and Sundays while she cleaned or cooked for the entire week. A working mother with three kids, it was one of the few luxuries she allowed herself. Papa tolerated it, sometimes grumbling, but deep down he surely liked it as well.

'*Tutu turu turu rararararan,*' she hummed the opening notes of Puerto Montt. Violeta had sung even about earthquakes. Veronica made her own version: *My city is shaking with a deep bitterness: it's the end of the world that I am witnessing.* She could not stop thinking and with her thoughts and silent singing she distracted herself.

'*I have a jumpy mind*' —she thought of that time when Marcela, her best friend and colleague had described her. *Brincona, what a way to describe me. But I am jumpy and proud of it because I go about searching, although I don't always find something.*

She first worked as a primary school teacher over there in Huixquilucan. It was always her vocation and she liked to work with children at the school. But the paperwork, the testing, the discipline, the notion that one could only be a good teacher with strict supervision weighed her down. After a few years she left the school to help at the furniture business her father started. This was fun, with the freedom to make commercial decisions, while papa, a craftsman in every sense of the word, occupied himself with his team, as he called his workers and colleagues. But the best part of the job was the chance she had to hand paint the furniture. She did this mostly on weekends and relaxed by making bricks, as they say. From such a mother such a splinter. The customers liked her style and she was almost always free to make things in her own way. She moved the right hand that was on her belly as she created in her mind the image of white poppies she recalled having painted on a little table of turned wood. She felt pain in her wrist and fingers. Then she moved both hands because she noticed she was cold and they were a little numb.

She went back to the image of the poppies. *Cursed gold of Mexico. Violence has kidnapped our lives*, she thought ruefully, remembering the fear when thirty-five bodies were dumped near the Plaza Las Américas in Veracruz, when she had visit Manuel, her brother. Married to a native Veracruzan, she and the family went to visit her brother. But now with the narcotrafficking problem, they were scared. Her nephews told her they should not utter the name of the group ruling the Gulf region. She recalled the murders and disappearances under this regime which seemed more like a dictatorship. She began to get angry. Then she remembered Julio and how the relationship changed. The lovesick adolescents who separated upon finishing high school. Julio went off on an adventure and came back when the two were past thirty and had reencountered love. How beautiful it is *to be seventeen again*. Then came marriage. Difficult, with a lively-eyed man. *What have I done by loving you?* she wondered and sang. She got even angrier when she remembered the arguments which led to divorce. After that, Julio married his business partner, the *güereja*. She sang *I curse to the high heavens* as she had done so many times after her divorce. And she began to cry with rage. She also cried for the two romances that did not bear fruit after her divorce. First, one, then the other. She knew then that she was trapped at the bottom of an abyss, in an enormous stone tomb, silent and frozen.

She had already shouted as much as she could, for a long time. And she wept again when she sensed that there were more than twenty centimeters between her nose and the ceiling.

'What the fuck' —she cursed again and again; at times to herself, at times with the cry stuck in her throat.

She was cold. She pulled her hair, which was trapped beneath a bit of wall, strand by strand. Some she had to break off. That way she could rest her head.

'Be calm, stay calm, the waiting will be long'. She tried to focus on her breathing, counting each time she exhaled...one...two...three...four. She remembered that she hadn't called her sister the previous day to see what

the doctor had told her. Several times she tried to count but didn't get very far. *God, if there is a God, save me. I will be a better sister to Claudia and Manuel,* she thought. *With a growing anguish, I am asking the Lord to cease his rancour just for a minute.* She recited these verses as if they were a prayer. She knew her faith was not sincere, but she wanted to cling to it for a moment. I am going to do everything possible to spend more time with my children. She knew that this did not depend on her, because adolescence does not depend on anything, let alone Ceilia's and Diego's adolescence. Perhaps for this reason she stopped talking to herself about God and began to make a list of good purposes.

She remembered how Papa, Mama, her siblings and she herself were helping to clear the rubble in '85. Her family had not suffered losses, but they lived in La Roma and they helped non-stop from the very first day of the earthquake. They helped the second day in the middle of an aftershock, and many more days after that. She asked herself if something similar was happening now that she was trapped. *People went out of their way to help as one in a way that is forgotten with so much individualism and neoliberalism. Will there be someone there, outside now?*

Her work in an organisation that supported women demanded much of her. It was years ago that she stopped painting her father's furniture, a little later she left the business. With the new job, her marital crisis, her new single motherhood status when her children were little, she had forgotten her artistic inclinations. Music was all she had left. Music accompanied her in happiness and sadness. She remembered that on the fourth of October she had planned to attend a tribute in honour of Violeta Parra's birth. That is where she wanted to be, but it was not certain she would make it.

Lead by the favour of the wind...

I am crying. How much she did cry while singing. How much she did sing while crying. She had recorded her mother's vinyl disks on tape, and she loved her Walkman. Who knows why she didn't get into rock music. Maybe because as a girl she didn't know a word of English, she heard the words like another instrument. Then she became a fan of all those who sung to Violeta and many other Latin Americans in this vein. And first with the tapes, then the CDs and after that with her iPod and MP3 players that were being pirated here and there. Now the most important thing she had was her mobile phone and her life was filled with sounds and songs. A pleasure shared with so many people was so personal at the same time.

She was thinking of all this while the tears fell with no control. How much time had she been there? As at times she dozed, she did not know if it had been hours or days. It seemed months. Months of discouragement... and she broke into sobs. Alone, alone, without echo, nor company, nor love, nor sky, nor hope. Her colleagues and friends had surely died.

She felt hot. *Maybe it's daytime. Do I have a fever?* In pain, she put her right hand over her mouth to feel her breath. Fever. The tears had dried up and with both hands she touched her face and caressed it. Nothing hurt on her face. She felt calm. She thought of her life: my mother and her music, my father and his creativity; my labour bore fruit, a marriage to the love of my life, two darling children, who have a good and dignified life and feel connected to their communities, two failed romances, but enjoyable ones, a great friend and many friends, the opportunity to support other women, the music in my soul, in my body. *Gracias a la vida; thanks to life.*

Suddenly she remembered the centenary celebration at which it seemed she would not arrive. Then she sang, *I have the crown ready...for when in me... for when I die.*

Septiembre

Mabel Encinas Sánchez

Verónica volvió a abrir los ojos. Le ardían un poco todavía, casi nada. Seguro que las lágrimas se los habían limpiado. Intentó reacomodarse, no podía extender la pierna izquierda, así que estiró un poco la derecha y se limpió la nariz con el clínex hecho bolita que traía en la mano izquierda. Le dolía el cuerpo entero. Seguro tendría moretones por todos lados como cuando la atropelló aquel Galaxy negro siendo adolescente. Se preguntaba cuánto tiempo habría estado tendida bajo los escombros. *Era como la una,* pensó. *No debe ser tan tarde ahora, tal vez las tres o las cuatro. Todo va a estar bien,* se dijo para tranquilizarse, *voy a salir de esta. De peores situaciones me he levantado.*

—*Tu nombre tiene la **V** de la Victoria, vencedora, veterana, o sea, con experiencia, la **V**... de Violeta*. Empezó a tararear algunas canciones intarareables de Violeta Parra para distraerse. Las anticuecas se las sabía de memoria, y de sus amigos, no todos las conocían. A ella le encantaba toda la música de la Violeta. Toda. Le recordaba su infancia en Zacatecas cuando mamá ponía sus discos LP de tres en tres en la consola *Telefunken*. Así se reponía su madre del trabajo intenso como empleada de gobierno y ama de casa, oyendo su música los sábados y los domingos mientras limpiaba o cocinaba para toda la semana. Madre trabajadora y con tres críos, era uno de los pocos lujos que se podía permitir. Papá lo toleraba, a veces refunfuñando, pero de seguro en el fondo le gustaba también. No podía dejar de pensar y con eso se distrajo.

—*Tengo una mente brincona*, como Marcela una amiga y colega le había dicho un día. *'Brincona', qué manera de llamarme. Pero sí, soy brincona, y a mucha honra, porque ando buscando, aunque no siempre encuentre.*

Trabajó primero como maestra por allá por Huixquilucan. Era su vocación desde siempre y le gustaba trabajar con los niños y las niñas en la escuela, pero le pesaban el papeleo, los exámenes, los controles, la idea de que sólo se puede ser buena maestra con una supervisión estricta. Después de unos años, dejó la escuela para ir a apoyar el negocio de muebles que su padre iniciaba. Eso fue divertido, porque tuvo mucha libertad para tomar decisiones de cómo manejar la parte comercial, mientras que papá, un artesano en toda la extensión de la palabra, se encargaba de la producción junto con su equipo —como él llamaba a sus trabajadores y colegas. Pero lo mejor de ese trabajo era que con frecuencia ella tenía la oportunidad de pintar muebles a mano. Lo hacía mayormente los fines de semana y así descansaba haciendo adobes, como dicen. Los clientes gustaban de su estilo, y ella era libre de hacer las cosas a su manera la mayoría de las veces. Entre los diseños de su padre y sus pinturas, los muebles eran una maravilla. Movió la mano derecha que estaba sobre su vientre como creando la imagen de amapolas blancas que recordaba sobre una mesita de patas torneadas. Sintió dolor en la muñeca y en los dedos. Entonces movió las dos manos porque se dio cuenta de que tenía frío y las tenía un poco entumidas.

Regresó a la imagen de las amapolas. *Oro maldito de México. La violencia nos tiene la vida secuestrada*, pensó con pesar, recordando el miedo cuando aparecieron treinta y cinco cuerpos tirados cerca de la Plaza Américas en Veracruz, cuando estaba visitando a Manuel, su hermano. Casado con jarocha, con frecuencia iba la familia a verlo. Pero ahora con el lío del narcotráfico, sentían miedo. Sus sobrinos le decían que no había que pronunciar el nombre del grupo que dominaba la región del Golfo. Recordó los asesinatos y desapariciones, en ese régimen que más bien parecía dictadura. Empezó a enojarse. Entonces recordó a Julio y cómo fue cambiando la relación. Los adolescentes enamorados que se separaron al terminar los estudios. Julio se fue a la aventura y regresó ya cuando los dos pasaban los treinta y reencontraron el amor. *Qué hermoso es Volver a los diecisiete*. Después vino el matrimonio. Duro, con un hombre ojialegre. *Qué he sacado con quererte*, pensó y cantó. Se enojó más todavía, cuando recordó los pleitos que llevaron al divorcio.

Después el matrimonio de Julio con una socia de él, la güereja. Cantó *Maldigo del alto cielo* como la había cantado tantas veces después de su divorcio. Y empezó a llorar de rabia. Lloró también por los dos noviazgos que no fructificaron después de su divorcio. Primero por uno; luego por el otro. Se supo entonces atrapada en el fondo de un abismo, de un féretro de piedra enorme, silencioso y helado. Ya había gritado todo lo que pudo, muchas horas antes. Y lloró más cuando volvió a sentir que no había más de veinte centímetros entre su nariz y el techo. *Qué la chingada,* repetía una y otra vez.

Tenía frío. Fue sacando sus cabellos uno por uno, que estaban atrapados bajo un trozo de muro. Algunos los tenía que romper. Así pudo por fin reacomodar la cabeza.

—*Calma, calma que la espera es larga*.

Intentó concentrarse en su respiración, contando cada vez que exhalaba: ... *uno* ...*dos* ...*tres* ...*cuatro*. Recordó que no había llamado a su hermana el día anterior para ver cómo le había ido en el doctor. Varias veces intentó contar, pero no llegaba lejos.

—*Dios, si existe un dios, sálvame. Seré una mejor hermana con Claudia y con Manuel*— Sabía que su fe no era sincera, pero por un rato quiso aferrarse a ella. Jamás fue religiosa, y ni siquiera creyente. *Voy a hacer lo posible para pasar más tiempo con mis hijos.* Sabía que eso no dependía de ella, porque la adolescencia no se deja imponer nada, menos las de Cecilia y Diego. Tal vez por eso dejó de hablarle a Dios y empezó a hacer su lista de buenos propósitos.

Recordó como papá, mamá, sus hermanos y ella estuvieron ayudando a remover escombros en el ochenta y cinco. Su familia no sufrió pérdidas, pero vivían en la Roma y estuvieron allí al pie del cañón el mero día del temblor, con todo y la réplica del día siguiente, y los días subsiguientes. Se preguntaba si esta vez estaría ocurriendo igual ahora que ella estaba atrapada. *El pueblo volcándose a ayudar, el pueblo, en un 'nosotros' que con tanto individualismo y neoliberalismo se olvida. ¿Habrá ahora alguien allá afuera?*

Su trabajo en la organización que apoyaba mujeres le demandaba mucho. Hacía años que había dejado de pintar los muebles de papá, un poco después de dejar la empresa buscando un sentido más profundo a su vida que la creatividad comercial. Marcela, la amiga a quien había conocido en los rescates del terremoto, la invitó a trabajar con ella. Entre el nuevo trabajo, sus crisis de matrimonio, los chiquilines cuando la necesitaban tanto y querían estar con ella todo el tiempo, y encima con el reto de la maternidad en soltería, había olvidado su inclinación al arte. Sólo le había quedado la música. La música que la acompañaba en las alegrías y las tristezas. *Según el favor del viento.* Cuánto lloró cantando. Cuánto cantó llorando. Había grabado los vinilos de mamá a cinta, y le encantaba su *walkman.* Quién sabe por qué ella no entró a la onda del rock. Quizá como de chica no sabía ni papa de inglés, oía las palabras como si fueran otro instrumento. Se aficionó entonces a todos los grupos y cantantes que cantaron a la Violeta y a muchos otros latinoamericanos en esa vena. Y primero con las cintas, luego con los CDs y después con su *ipod* y los MP3 que pirateaba por acá y por allá. Ahora todo lo tenía en su celular y su vida se llenaba de sonidos y canciones. Un placer compartido con tanta gente era tan personal al mismo tiempo. Todo esto lo pensaba mientras las lágrimas le escurrían sin límite.

—¿Cuánto tiempo llevo aquí?

Como a ratos dormitaba, no sabía si eran horas o días. Parecían meses. *Meses de desaliento*, y le salían sollozos. Solos, solos, sin ecos, ni compañía, ni amor, ni cielo, ni esperanza. Sus hijos estaban lejos esa semana. Sus colegas y amigos seguro habían muerto.

Sintió calor. *Tal vez es de día. ¿Tendré calentura?* Con dolor, puso su mano derecha sobre su boca para sentir su aliento. *Fiebre.* Las lágrimas se le habían secado y con las dos manos se tocó la cara y la acarició. En la cara no le dolía nada. Se sentía ahora tranquila. Pensó en su vida: *mi madre y su música, mi padre y su creatividad, mis trabajos dieron fruto, un matrimonio con el amor de mi vida, dos hijos preciosos, que tengan una vida buena y digna y que sientan el 'nosotros', dos noviazgos fallidos, pero divertidos, una gran amiga y muchos amigos, la oportunidad de apoyar a otras mujeres, la música en mi alma, en mi cuerpo, amor a la vida. Gracias a la vida.*

Entonces cantó: "*Tendré lista la corona... para cuando en mí te... para cuando yo me muera.*"

In search of their memory

Sebastián Eterovic

To mark the birthday of our wise mentor, Carlitos suggested we got together for lunch at the *Rey Toro*, on José Miguel Claro with Providencia streets. We ordered the *Rey Toro* mixed grill for four, and that's how we celebrated the memory of our teacher.

When we finished, we left the bar and walked southwards down José Miguel Claro, talking of all the things that did not matter. A little while later, Nico suggested we sat down at a small plaza at the corner of Santa Isabel.

Our conversation at that moment wound its way through the intricate roads of the doings and duties of stunt doubles in porn films. I believe the subject arose when Carlitos commented that he had downloaded a porn film said to be the most expensive in history. Why would a porn film need so much money? What kind of special effects did it try to obtain? Were there a lot of action scenes? What is considered an action scene in porn? And if there are action scenes, are there stunt doubles?

I don't know when she sat down on the other bench, but Pato said he saw her saying things to passersby for several minutes. The thing is that this woman, who only carried a supermarket bag with her and whose shoes seemed to have *crossed deserts, mountains and puddles*, suddenly got up from her bench and approached us saying,

'Can I suggest something?' and she moves herself into the group and says to me: "move over" and she sits, literally, in the middle of us. We quickly looked at each other, looking for a response but we were all at a loss. And just as she sat down, Susana (that was her name) began to speak.

'Why do you question everything?'

Maybe we were very disorientated, besides the fact that we were not so attuned to some things, so at first, we thought she was talking about stunt doubles. After hesitating a little, I replied that for us asking questions was more entertaining than seeking answers. Considering the situation, it was pure chance that my response made sense of what came afterwards.

She said she had been watching us for a while and quickly noticed the "obvious" prejudices that existed among us. We let it be known that we didn't understand what she was referring to, and Susana explained that it was clear that Carlitos was the fat little dark one (and because of this, socially marginalised) who came from the world of rap music (clearly a consequence of his social marginalisation) and that Pato was a frustrated Einstein; that I was the attractive one in the group and that I rocked.

Nico and I were bothered by this last comment, first because I don't empathise with women who assume Carlitos comes from the world of rap (which, in my view, is sufficient reason to think that something was going wrong) and who say I am attractive, and secondly because Nico didn't appreciate her thinking that I was the leader of the group. Unfortunately for Nico, Susana did not manage to say what stereotype he belonged to, and this was something that will torment him forever.

Susana joked that she was there to confuse us, and for an absurd moment I thought that it was all a theatrical staging, or that she was going to ask us for money. I quickly looked at the others, and they responded with looks as if to say they also thought this was weird. So, rather than to go along with the flow, we simply fell silent.

Now without a pretext to engage with us, and seeing that her presence was not well received, Susana finally began to tell us what she really wanted to tell us. She spoke in a whirlwind, with many topics at once; at times with a lot of laughter, and at times breaking down into sobs. Each time she returned to a topic, she added a little more information disguised among many lies. It was thus that we learned she was called Susana; that she was

55 years old; that she had "very little personality but was aggressive;" that her life had been a disaster; that she did not smoke dope due to previous experiences; that she had had various professions, among which we recalled model and stylist; that now she liked flowers; that her husband José Moraga had been an engineer at the Pontifical Catholic University; that he died "because of the numbers" (she assured that she had not killed him—so many times, in fact, that I was left a little nervous), that she went to a school run by English nuns, that her brother was in a Jesuit school and committed suicide, that she had a son named Martin (and at this point our memory fails us a little, but we have the vague recollection of her saying that she had met her son at age 2) and that, in her words, she had fucked up Martin's life by taking him to so many psychologists ("because they're market fabrications.")

All this time we had been quiet and were barely beginning to emerge afloat of all we had heard, when suddenly she asked us what we were studying. She was surprised (perhaps by the irony) that we were all mathematicians. *Long live mathematics.* She told us that she had thought (had always thought) that mathematics held the answer to life, but that she was confused by the seven operations. *If numbers can take lives, they can also give it*. So, she asked us for an answer, because as we were mathematicians, we therefore, perhaps, understood life and by and by we could explain it to her. We took turns explaining (with a certain disdain, I ought to acknowledge) that we did not have what she was asking us for and that mathematics was only a formal game, without meaning, empty as the *hollow of the earthly world*. Susana then made a harsh reflection:

So then that's life. How do you explain this, life? Why can't I say: 2 + 2 is 4, I am happy? In my country not everyone knows that 2+2 is 4.'

We hesitated for a few minutes, confounded by the question.

'Why do you need an explanation to be happy?' Carlitos finally noted, with a certain harshness.

We were not trying to be insolent, but it must have been disconcerting for her that these four youths, less than half her age, seemed so calm about our existence, we seemed so certain that we did not need believe in a higher power in order to give meaning to life, (look, it's not that any of us at some point had been capable of giving meaning to our lives, but the four of us were sure that believing in God did not help us). Susana, surprised, fell silent for a moment. Finally, she said:

'And what are you going to do with me now?'

Only then did I understand that Susana had not come to ask us for money.

Here the conversation became even more disjointed, in part because we were awkwardly trying to say something intelligent, something we never have achieved. Of course, we all failed, and as it usually happens with things that fail, the conversation moved to politics. It is worth mentioning that, previously, Susana had said we would never speak of politics and religion. Her opinions on these matters were limited to saying that the communists were the most intelligent, that people in her country did not know this, and that in *her country there was no justice*. The thing is that just when the political matters seemed to be on the increase, Nico said it was very late and we had to go.

Susana smiled, thanked us for the conversation and hugged us. She took some flowers from the supermarket bag she had. She gave one to each of us, a tulip for Nico, a poppy for Carlitos, a chamomile for Pato, and a rose with thick thorns for me ("the handsome one"). She kept the last flower, while we walked toward Santa Isabel to the metro station.

The following year there were no suggestions to celebrate our mentor.

En pos de su recuerdo

Sebastián Eterovic

Para recordar el cumpleaños de nuestro sabio mentor, Carlitos sugirió juntarnos a almorzar en el Rey Toro que está ahí en José Miguel Claro con Providencia. Pedimos una chorrillana Rey Toro para cuatro, y así celebramos la memoria de nuestro maestro.

Cuando terminamos, salimos del bar y caminamos por José Miguel Claro hacia el sur, conversando de todas las cosas que no importan. Poco después, Nico sugirió sentarnos en una pequeña plaza que hay en la esquina con Santa Isabel.

Nuestra conversación en ese momento navegaba por los intrincados caminos de los haceres y deberes de los dobles de acción de películas porno. Creo que el tema partió cuando Carlitos comentó que había descargado una porno que decía ser la más cara de la historia. ¿Para qué necesitan tanto dinero en una porno?, ¿qué clase de efectos especiales pretenden conseguir?, ¿tienen muchas escenas de *acción*? ¿qué se considera una escena de "acción" en porno?, y ¿si hay escenas de "acción", habrá dobles de "acción"?

No sé en qué momento ella se sentó en la otra banca, pero Pato dice haberla visto diciéndole cosas a la gente que pasaba hacía varios minutos. La cosa es que esa señora, que solo llevaba consigo una bolsa de supermercado y que tenía unas zapatillas que parecía que habían atravesado desiertos, montañas y charcos, de repente decide levantarse de su banca, se acerca a nosotros diciendo:

—¿Puedo hacer una sugerencia?, se mete dentro del grupo, me dice "Hácete pa'llá", y se sienta literalmente en el centro de nosotros. Nos miramos rápidamente entre nosotros buscando respuestas, pero estábamos todos igual de perdidos. Y no bien se había sentado, Susana (ese era su nombre) comienza a hablar.

—¿Por qué lo cuestionan todo?

Quizás estábamos muy descolocados, además de que no somos tan despiertos para algunas cosas, así que al principio pensamos que nos estaba hablando de los dobles de acción. Después de titubear un poco, yo respondí que para nosotros era más entretenido hacernos preguntas que buscar respuestas. Considerando la situación, fue pura casualidad que mi respuesta tuviese sentido con lo que vino después.

Dijo que nos había estado mirando desde hacía un rato y que se había dado cuenta rápidamente de los "evidentes" prejuicios que existían entre nosotros. Nosotros dejamos ver que no entendíamos a qué se refería, y Susana explicó que era claro que Carlitos era el morenito gordo (y por eso socialmente marginado) que viene del mundo del rap (claramente una consecuencia de su marginalización social), que Pato era un Einstein frustrado, y que yo era el lindo del grupo y el que la llevaba. Tanto a mí como a Nico nos molestó este último comentario, primero porque a mí no me simpatizan las mujeres que piensan que Carlitos vienen del mundo del rap (que, según yo, es razón suficiente para pensar que algo anda mal); que me digan que soy lindo, y segundo porque a Nico no lo simpatizó que ella pensara que yo era el protagonista del grupo. Para desgracia de Nico, Susana no alcanzó a decir a qué estereotipo pertenecía él, y eso será algo que lo atormentará por siempre.

Susana bromeó que estaba ahí para descolocarnos, y por un absurdo momento pensé que todo esto se trataba de un montaje teatral o que nos iba a pedir plata. Rápidamente miré a los otros, y ellos respondieron con miradas como diciendo que también creían que estaba rara la cosa. Así que, en vez de seguirle la corriente, simplemente nos quedamos callados.

Ya sin excusas para involucrarse entre nosotros, y viendo que su presencia no era bien recibida, Susana finalmente se puso a decirnos todo lo que quería decirnos. Hablaba como un remolino de organillero, con muchos temas a la vez, a veces con mucha risa y a veces quebrada en llanto, y cada vez que retomaba un tema, agregaba un poquito más de información disfrazada entre muchas mentiras. Fue así que finalmente supimos que se llamaba Susana, que tenía 55 años, que tenía "poca personalidad, pero agresiva", que su vida era un desastre, que no fumaba pito por experiencias anteriores, que había tenido diversas profesiones entre las que recordamos modelo y estilista, que ahora le gustaban las flores; que su esposo, José Moraga, había sido ingeniero de la PUC y que murió "a causa de los números" (nos aseguró muchas veces que ella no lo había matado —tantas veces, de hecho, que me dejó un poco intranquilo—), que fue a un colegio de monjas inglesas, que su hermano estuvo en un colegio de jesuitas y se suicidó, que tuvo un hijo llamado Martín (y nuestra memoria nos falla un poco en este punto, pero tenemos el vago recuerdo de que dijo que había conocido a su hijo a los 2 años) y que, en sus palabras, le cagó la vida a Martín por haberlo llevado a tantos psicólogos ("porque son fabricaciones del mercado").

Habíamos estado callados todo este tiempo, y apenas empezábamos a salir de nuevo a flote de todo lo que habíamos oído, cuando de repente nos preguntó qué estudiábamos. Se sorprendió (por la ironía quizás) de que todos fuésemos matemáticos. "Que viva la matemática". Nos dijo que ella pensaba (que siempre había pensado) que las matemáticas tenían la respuesta a la vida, pero que a ella la confunden las siete operaciones. "Si los números pueden quitar vidas, también la pueden dar". Así que nos pidió contestación, porque como nosotros éramos matemáticos, entonces quizás entendíamos la vida, y de paso podíamos explicársela a ella. Tomamos turnos explicándole (con cierta condescendencia, debo reconocer) que no teníamos lo que nos pedía y que la matemática era solo un juego formal, sin significado, *vacía como el hueco del mundo terrenal*. Susana entonces hizo una severa reflexión:

—¿Así es la vida entonces? ¿Cómo explican esto, la vida? ¿Por qué no puedo decir: 2+2 son 4, soy feliz? En mi país no todos saben que 2+2 son 4.

Dudamos unos minutos, confundidos por la pregunta.

—¿Por qué necesita una explicación para ser feliz? —observó Carlitos finalmente, con cierta crudeza.

No tratábamos de ser insolentes, pero debe haber sido desconcertante para ella que estos cuatro "lolos", que teníamos menos de la mitad de su edad, parecíamos tan tranquilos con nuestra existencia; pareciéramos tan seguros de que no necesitábamos creer en una fuerza superior para poder darle sentido a nuestras vidas (ojo, no es que alguno de nosotros alguna vez haya sido capaz de darle sentido a su vida, pero los cuatro estamos seguros de que creer en Dios no nos ayuda). Susana se quedó en silencio unos momentos, sorprendida. Finalmente dijo:

—¿Y qué van a hacer conmigo ahora?

Solo entonces entendí que Susana no había venido a pedirnos plata.

Aquí la conversación se desordenó aún más, en parte porque nosotros tratábamos torpemente de decir algo inteligente, cosa que nunca nos ha resultado. Por supuesto que todos fracasamos, y como suele suceder con las cosas que fracasan, la conversación decantó en política. Cabe mencionar que previamente Susana había dicho que nunca habláramos de política y religión. Sus opiniones en estos temas se reducían a que los comunistas son los más inteligentes, que la gente en su país no sabe eso, y que en su país no hay justicia. La cosa es que cuando los temas políticos parecían ir al alza, Nico dijo que era muy tarde y teníamos que irnos.

Susana sonrió, nos dio las gracias por la conversación y nos abrazó. De la bolsa de supermercado que traía, sacó unas flores. Nos regaló una a cada uno, una clavelina para Nico, una amapola para Carlitos, un manzanillón para Pato, y una rosa de espinas gruesas para mí ("el lindo"). Ella se quedó con la última flor, mientras nosotros caminamos por Santa Isabel en dirección al metro.

Al año siguiente no hubo sugerencias para celebrar a nuestro mentor.

Viola *Chilensis* – a trip to childhood

Carmen Malarée

It was a long journey from Santiago to the south, to her native land, which was made harder in a third-class coach. Filled with people of all ages, the oldest seemed to stoically endure the wooden bench seats. The children made themselves comfortable on the floor against the grown ups' legs or seated comfortably against their parents' chests. Others had made themselves a little space to play games of cup and ball. The cry of a newborn blended with the noise and was quieted when the mother openly began breastfeeding. An old man with thick grey hair nodded off and was jerked awake by the machine's brusque movement. A little girl entertained herself by dressing her doll. A grandmother whispered the words of a song to lull a child to sleep: here comes the cow with the golden horns and the teeth of silver. A duck stuck its head through the hole in the lid of a wicker basket. In the town of Chimbarongo this family had boarded with their offspring; the little animal watched everything at the feet of some old friends tipping up red wine in a pleasant chat.

Violeta went with her eyes and ears wide open to record in her memory these images which would later be transformed into popular poetic language. She took out her little school notebook, the one she had forgotten in her years of study at the Escuela Normal that have been cut short and began to write down some impressions with a pencil.

These were the people, Violeta, who gave the strength of a purebred rooster to your song.

The train was going through valleys planted with wheat, embroidered with thimbles of gold. In the distance, mimosa flowers announced the arrival of spring. There were a couple of rows in front of Violeta, where a woman knitted blindly because she was talking while rapidly moving her needles, looking at her companion. She was surrounded by small children. The garment she was making, stitch by stitch, seemed to be for the oldest. Like your mother Clarisa, who sewed and sewed, this woman was a mother, a worker with no salary other than the love of her children. You remember that the talents Mama Clarisa displayed not only served to clothe her brood but to support the family as well.

You felt a pang of longing for the childhood lost under the protective wings of your parents, grandparents and siblings in a rural community where nature supported all of you with abundance. You recalled the time when summer arrived with its sparkles of sun inviting you and your siblings to refresh yourselves in the river, where you played like ducklings in the water, swimming like a coot.

The train stopped at the Curicó station. On the platform were women dressed in white aprons with baskets under the arms, shouting offers to the passengers: under-ground-baked tortillas, grilled pork sandwiches, hot flat rolls with butter and cheese, pastries with caramel filling, round bread rolls and drinks. The crowd swarming on the platform was big. Violeta looked out the window at the men, women and children who came and went: a young couple with a little girl of four or five wearing shiny black patent leather shoes, a navy-blue velvet coat and white socks, went by. Her dark chestnut hair, tied with a white ribbon, fell in curls from her neck. The girl was happy. Holding her mother's hand, she skipped every two or three steps, head held high.

An intense spirit took over you, Violeta, an energy which compelled you to scribble down some lines, although the spiritual turmoil confused your thinking. So, you were the child until the traitorous destiny...beat down without pity.... just for fun your beauty and candour. But the plague, which you did not know about, did not damp your spirit, and with abundant innocence you continued to be the happy Violeta. With this spirit, with your pinafore and ponytail and doing some skips on your first day of school, you were assaulted by the cruelty of other little girls, who nicknamed you weed. But the signs sickness left on your face did not intimidate your love for mischief in the outdoors and you followed the travels of your brother Roberto, collecting bumblebees, crickets, spiders and dragonflies. You would return home with your pinafore stamped with maqui ... *charagüilla*, as your brother Nicanor would recall.

You were the little Dove with wings that would make you fly far away. That is how your father described you in the school where he worked as a teacher. His colleagues looked at him with surprise when he announced this. The father was opening his children's eyes showing them how prodigious nature was, pointing out trees and plants, mountains and hills, animals, birds and insects (this is the country, children) but also pointing out the people working in this environment (so little children, these humble cabins, of the poor). His rebellious spirit, crushed by the authorities at the time, plunged the family into a precarious existence.

It was in one of these encounters with injustice and the abuse of power, Violeta, to which you responded with courage in your songs and poems, raising voices of protest against those who bury justice, bury reason, denouncing iniquitous actions occurring over centuries, for which no one has made right, though it could have been made right. The pain of seeing your brother Roberto taken prisoner, *when they dragged him through the streets in shackles, just for having supported the strike that was already resolved*, and also your solidarity with him with the protest song:

"If this is reason for going to jail, then take me too, sergeant..."

You were the Violeta eternal guest of flowery April. Viola in mourning, volcanic Viola, Viola, chilensis, Viola who, with her voice, her guitar, her big guitar and other instruments violated the conventions of the age and ranted and raved against those who perpetuated this: sad officials like the stones of the desert.

With your vitality and rebelliousness, you undertook to subvert everything: in language, you advised, write how you want, using the rhythms that come out, in music, try diverse instruments, sit on the piano, destroy the metronome, shout instead of singing, blow the guitar and strum the cornet, in learning, hate mathematics and love the whirlwinds.

University students were gathering in groups to board the train at provincial stations heading south to Concepcion, a city which at the beginning of the 1950s was becoming a centre for excellence in higher education. Their chatter, birdlike libertarians, was a garden of delights. Violeta observed them from a corner, in the midst of hens clucking, bundles, baskets and carafes piled up in the hallway and between the seats. The Andes Mountains rose in the east with its peaks bathed in foamy snow which the spring sunshine was beginning to melt into the valley.

The young students, immersed in the world of reason and science, represented the future to you, Violeta, the essential ingredient, in your words, the yeast which would raise the country up from the idleness of the owners of large track of land. You sang to the top of your lungs: agriculture has its reckoning, because in the midst of the beauty of these valleys with their greenery ... some live comfortably, but with the blood of the one whose throat was slit.

You were the Violeta who grew between Parras, vines with deep roots in the Chillán countryside, in the town of San Carlos, extending your verses beyond national borders. You fostered an America without conflicts: *For a fistful of dust, I do not want war*, you used to sing, countering your grief with optimism, because all protest brings with it faith in human solidarity. Hence your musical composition whose lyrics said the song of all is your own song. It was in your childhood, in happiness and pain, where your fortitude and free spirit was forged.

When the train stopped at Talca station, more people boarded than had disembarked. They started the march once again. Violeta got up from her seat to talk with her travelling companions; it was time to get out the verse and song of her life experiences. A little while later, when the train was crossing the Maule River, Violeta got out her guitar and began to sing.

Viola chilensis - Viaje hacia la infancia

Carmen Malarée

Era un largo trayecto desde Santiago al sur, a su tierra natal, que se hacía más duro cuando se iba en un coche de tercera clase. Repleto de gente de todas las edades, los más viejos parecían soportar estoicamente los asientos de tablones de madera. Los niños se acomodaban sobre el suelo contra las piernas de los mayores o iban sentados apoyándose al pecho de sus padres. Otros, en cambio, se habían hecho un pequeño espacio para jugar al emboque. El llanto de un recién nacido se confundía con el bullicio y callaba cuando la madre sin tapujos, se lo ponía al pecho para calmarlo. Un anciano de gruesos cabellos canos cabeceaba rítmicamente y se sobresaltaba por un brusco movimiento de la máquina. Una niña se entretenía vistiendo a su muñeca de trapo. Una abuela susurraba 'viene la vaca con los cachos de oro y los dientes de plata' en una canción al niño para que se durmiera. Un pato sacaba el cogote por el orificio de la tapa de un canasto de mimbre. En Chimbarongo se había subido esa familia con su prole; el animalito lo observaba todo a los pies de unos compadres que se empinaban un tinto en amena charla.

Violeta iba con el oído atento y con ojos ávidos que empapaban su memoria de imágenes que más tarde transformaría en lenguaje popular poético. Sacó su cuadernito de colegiala, el que había quedado olvidado en sus años de estudios truncos en la Escuela Normal y comenzó a anotar algunas impresiones con un lápiz a mina.

Ese era el pueblo de Violeta, que dio a su canto fuerza de gallo castizo.

Iban cruzando valles sembrados de trigo, bordeados de dedales de oro. A la distancia se distinguían aromos en flor anunciando la llegada de la primavera. Un par de hileras de banquetas frente a Violeta, una mujer tejía a ciegas, porque conversaba al mismo tiempo que movía rápido los palillos mirando a su interlocutor. Iba rodeada de chiquillos. La prenda que creaba punto por punto parecía ser para el mayor. Como tu madre Clarisa, Violeta, que cosía y cosía, esa mujer era madre, trabajadora, sin otro salario que el amor de sus hijos. Recuerdas que para la mamá Clarisa los talentos que desplegó en la costura no sólo sirvieron para cubrir los brazos de su parvá sino también para el sostén de la familia.

Te invadió un sentimiento de añoranza por la infancia perdida en el alero protector de tus padres, abuelos, hermanos en una comunidad rural donde la naturaleza les sustentaba con abundancia. Recordaste aquel tiempo cuando llegaba el verano con sus destellos de sol que invitaba a ti y a tus hermanos a refrescarse al río, donde disfrutaban como patitos al agua, nadando como una tagua.

El tren se detuvo en la estación de Curicó. En el andén, mujeres vestidas de delantal blanco con un canasto bajo el brazo ofrecían a gritos a los pasajeros, tortillas de rescoldo, perniles de cerdo, hallullas calientes con mantequilla y queso, alfajores rellenos con manjar, pan amasado y bebidas. El gentío que pululaba en el andén era grande. Violeta miraba por la ventanilla a hombres mujeres y niños que iban y venían: pasó una pareja joven con una niña de cuatro o cinco años que vestía relucientes zapatitos de charol negro, abrigo de terciopelo azul marino, y calcetines blancos. Su pelo castaño oscuro, atado con una cinta blanca caía ondulado desde la nuca. La niña iba contenta. Cogida de la mano de la madre daba saltitos cada dos o tres pasos, con la cabeza en alto.

Un brío intenso se apoderó de ti, Violeta, una energía que te llevó a garabatear unas líneas, aunque el alboroto espiritual confundía tu pensamiento. Así eras de niña hasta que el destino traidor ... arrebató sin piedad ... por puro gusto no más tu bonitura y candor. Más la peste, tú, con abundante inocencia en ese entonces la ignoraste y continuaste siendo la feliz Violeta. Con ese ánimo, de moño y delantal blanco y dando unos brincos en tu primer día de colegio, te asaltó la crueldad de las otras niñas que te apodaron maleza. Pero las marcas que dejó en tu rostro la enfermedad no amilanaron tu amor por las travesuras al aire libre y seguiste las correrías con tu hermano Roberto, coleccionando moscardones, grillos, arañas y matapiojos. Volvías a casa con tu delantal estampado de maqui ... charagüilla: así te recordará de niña tu hermano Nicanor.

Eras 'la palomilla' con 'alas que la van a hacer volar muy lejos'. Así se refería tu padre a ti en la escuelita donde se desempeñaba como profesor. Los colegas lo miraban sorprendidos a don Nicanor, cuando él lo anunciaba. El padre abría los ojos a sus hijos señalándoles cuán pródiga era la naturaleza, indicando árboles y plantas, montañas y cerros, animales, pájaros e insectos (es el campo, niñitos), pero también apuntaba al lugar que la gente ocupaba en ese entorno (y esas humildes cabañas, de los pobres, pues hijitos). Su espíritu rebelde, aplastado por las autoridades del momento, sumió a la familia en una precaria existencia.

Fue ese uno de tus encuentros con la injusticia y el abuso del poder, Violeta, al que tú respondiste con arrojo en tus canciones y poemas, lanzando voces de protesta contra aquellos que enterraron la justicia, enterraron la razón; denunciando las acciones inicuas ocurridas por siglos, a las que nadie le ha puesto remedio, pudiéndolo remediar. El dolor de ver a tu hermano Roberto preso, *cuando con grillos por las calles lo arrastraron, sólo por haber apoyado el paro que ya se había resuelto*, y también tu solidaridad con él en el canto al clamar:

"Si acaso esto es un motivo, presa voy también sargento…"

Eras la Violeta huésped eterno del abril florido. Viola doliente, Viola volcánica, Viola chilensis, Viola que viola con su voz, su guitarra, su guitarrón, y otros instrumentos, los convencionalismos de la época y despotrica contra aquellos que los perpetúan: funcionarios tristes como las piedras del desierto. Con tu vitalidad y rebeldía, te empeñabas en subvertirlo todo: en la lengua, aconsejabas, escribe como quieras, usa los ritmos que te salgan; en la música, prueba instrumentos diversos, siéntate en el piano, destruye la métrica, grita en vez de cantar, sopla la guitarra y tañe la corneta; en el conocimiento, odia las matemáticas y ama los remolinos.

Se habían ido formando grupos de estudiantes universitarios que subían al tren en las estaciones de provincia para dirigirse al sur con destino a Concepción, ciudad que a principios de los años cincuenta se estaba convirtiendo por excelencia en un centro de estudios superiores. El parloteo de esos, pajarillos libertarios' era un jardín de las alegrías. Violeta los observaba desde un rincón, en medio del cacareo de gallinas, bultos, canastos y damajuanas que se apilaban en el pasillo y entre las banquetas. La Cordillera imponente se levantaba en el oriente con sus cumbres bañadas de blanca espuma que la fuerza del sol primaveral comenzaba a derramar al valle.

Los jóvenes estudiantes, inmersos en el mundo de la razón y de la ciencia, representaban para ti el futuro, Violeta, el ingrediente esencial; en tus palabras, la levadura que levantaría al país de la abulia latifundista. Cantabas a voz en cuello: la agricultura tiene su interrogante, porque en la belleza de esos valles con sus verdores … algunos viven acomodados, pero eso con la sangre del degollado.

Eras la Violeta que creció entre Parras de profundas raíces en tierras chillanejas, en el pueblo de San Carlos, aquella que extendió sus versos más allá de las fronteras nacionales. Propiciabas una América sin conflictos: *Por un puñado'e tierra, no quiero guerra*, cantabas, contrapesando tu quebranto con optimismo, porque toda protesta conlleva la fe en la solidaridad humana. De ahí tu composición musical cuya lírica dice que el canto de todos es tu propio canto. Fue en tu infancia, en la felicidad y el dolor, donde se forjó tu fortaleza y tu espíritu libre.

Cuando el tren se detuvo en la estación de Talca, subió más gente de la que se había bajado. Emprendieron la marcha una vez más. Violeta se levantó de su asiento a conversar con sus compañeros de viaje; era hora de sacar el verso y el canto de sus experiencias de vida. Un rato después, cuando el tren iba cruzando el puente del río Maule, Violeta sacó la guitarra y se puso a cantar.

La Chascona and her guitar strings

Valentina Montoya-Martínez

My guitar has six strings. Sometimes there are five or sometimes three, sometimes it has no teeth, poor thing, until I can put them back in. So then, what to do when the dilemma at the end of the month is choosing between six guitar strings or a plate of nosh? No choice but to straighten up and forget the chilblains, battle on tenaciously, come rain or shine. Christened "La Chascona,"[17] a good name it seems to me, the guitar of my soul accompanies me, singing and crying as needs be.

With no inkling to imitate the Bard,[18] great as he may be, it's named in honour of the mane flaunted by its loyal machine-head, you see. Learned musicians, on seeing such feral locks, frown and raise their noses in disgust. I ask myself, has an unfortunate skunk just tiptoed across? They *keep on* trying to fix her hair, tying it up in braids or trimming it with mathematical care! But I like my mop head, wild and streetwise, because I am like that, indomitable, sincere, unruly, and medicinal.

---

[17] Woman with untidy or uncombed hair
[18] A reference to Pablo Neruda, who owned a house in Santiago called 'La Chascona' (which is now a museum)

Inversely, as you are about to see, in a French-style garden weeds are frowned upon and wiped out ruthlessly. What a foolish bourgeois whim, to tear out mint and plantains from root to tip!

Against all odds then, onward with the lowest pitched, the sixth string my thumb was destined to pick.

Mi - My birth took tears, pain and effort. Kettles of boiling water, a wooden shack, my mother in labour! Between cries, sobs, sweat, white sheets and blood, I ask the Lord 'am I dying or being born?' I burst out in cries of millennia, I complain at the top of my lungs, how unfair this is, they ripped me shamelessly from my beloved and simple world. With no qualms and a tug, they cut the cord which for nine moons tied me to my mother. Now an autonomous baby, my little hands stretch up into the air, checking out the new world, searching for loving care. They wash me, clean me, eye me over and dress me, but I still feel the cold in this world which flagellates me. I know nothing. But I still know. I am born all wrinkled and wise, as these deep furrows show, what a prodigious occasion and so much time to go! That is what my shrieks say, foretelling my crucifixion and, God willing, my rebirth. The midwife catches me musing and snuggles me to my mother, thenceforth my cold and hunger vanish with an enormous sigh.

La - is a happy and good humoured string, as you will see at once. As a child I had a lot to say for myself—to survive you can't be shy—you have to face the music *and dance!* My mother always used to say, if you can't lift it drag it! So, as a small girl, I would set off single-mindedly sweeping the floor with my guitar. My siblings and I were up for all sorts of things, singing, snake-charming or magic tricks, almost anything to earn a penny for some beans. So as to fill the basket we went out making a racket, livening up a folk dance or polishing clogs for a farthing. We would return with dried beef, bread and tomatoes, our little bellies full, hearts pleased as punch, for having lightened our mother's load. The **La** string enjoyed these frightful performances and giggled at the flat notes of our wistful *canciones*.[19] Flamboyant even by name, this string is a cunning soothsayer, beholding my joys and sorrows, and my deepest nightmares.

Re - Existence can be excruciating and by way of exposition, this string will set the tone of a common indisposition. A stranger appeared at my side, with a flute and tambourine, *bewitching La Viola*[20] with his gifts and

---

[19] Songs
[20] Violeta Parra's nickname, by which she was tenderly known in Chile.

mysteries. For my part in the mischief, I bewitched him too, with my voice, guitar and *kultrún*[21] inside my boat of reeds. Through black clouds, thunder and lightning we navigated at full sail, 'till it was time to cast anchor with a beaming major scale. Now content on *terra firma*, with his flute, drum and *charango,*[22] Run Run[23] is steadfast on my tail, beavering sin descanso.[24] *In an unrelenting way La Viola climbed to the very top, but her beloved was restless, transcribing a bundle of woes.*[25] There was a storm in the distance, a saying and a plea, leaping dolphins usher wind and disturb the peace at sea*[26]. My Run Run leaves for faraway lands, my heart gives a jolt, La Viola falls into an abyss, whence begins the Passion of my song.*

---

[21] A Mapuche drum, central to Mapuche culture.
[22] A small stringed instrument from Perú, northern Chile and other parts of Latin America, traditionally made of an armadillo shell, but now mostly from wood.
[23] *Run Run* is a name Violeta gave to the love of her life, Gilbert Favre. It is also the name of a song written about his departure to Bolivia.
[24] Without rest.
[25] Violeta Parra would often refer to herself in the third person, this is why this text oscillates between the first person and the third.
[26] Author's translation of the proverb 'delfines que mucho saltan, viento traen y calma espantan'.

Listeners, do not be confused, this was the final blow, the load that broke the stem of an overburdened soul.[27]

Sol - This little rascal string, stubborn and unruly, loves to stand out with garish tones, right in the middle of the sweetest waltz! When she cantankerously squeaks in mid song, it brings me bitter memories, which are about to unfold. My father lost his job due to government blunders, we were then afflicted by a common curse, poverty and hunger. My mother with ten kiddies, sewing from sunrise to sundown, my father drowning his sorrows, the children running riot, do you know what it means to live through this trial? La Viola set off in order to ease the burden and like a resourceful squirrel took hold of her life and future destinations. In this brave effort she learned of crab apples and vinegar and with good judgement, inscribed her Ten Commandments on tablets she herself had commandeered.

From bar to bar, guitar on my shoulder, I go earning a living. From north to south compiling songs. The poor open their doors to me, with verses and guitars, I for my grateful part, bring fritters, songs and a little wine. The snobs shut me out, think of me as trash—what do they

---

[27] Italicized sentences indicate Violeta Parra speaking of herself in the third person.

know of people's culture? In their golden circles, people like me are nothing but outcasts. Ladies and gentlemen, I am not asking for handouts or benefaction, spare me the pity, I am here for artistic interaction!

Si - *If in the end La Viola decides to subjugate death, I offer my apology to this savvy string, I don't mean to leave her sad, silent, and bereft. February 5th, 1967, La Viola opts to leave—without any baggage—bequeathing you her legacy with a resounding finale.* Now free from any troubles, in a kinder world, I see you without regret, I know what it means to live and never to forget. Note I keep abreast of everything: in the year 1970 we won the elections and Víctor Jara shone with artistic perfection. Had I walked with the living, I would have been with you in that extraordinary triumph[28] and the bloodthirsty coup which wreaked pain and havoc. *La Viola suffered greatly over the 11 of September, be certain I would have been present alongside my president, with my revolver in hand.* I know that they would have broken me with a bullet or two, but not before I could fire and hurl abuse at the mercenaries who put in the boot. La Moneda[29] in flames,

---

[28] Salvador Allende's electoral victory in 1970.
[29] Chile's presidential palace is called La Moneda.

the Mapocho River[30] tainted with blood, and the National Stadium[31] transformed into a circus the Romans might have been proud of. The sun shone blue and it poured over Santiago, without God nor law, the traitors of the homeland brought catastrophe and chaos. They killed the president, as well as Víctor Jara, and don't come telling me fables! Neruda too was killed, with a foul play inoculation.

I said it letter by letter, note by note, and with insurmountable anguish, my chords howled pain and horror, albeit from another planet. A mixture of rage, sorrow and pain, the 11th was the knife which wrenched my distant heart away.

Mi - This string reappears in a higher tone and from down under, to separate the wheat from the chaff and to bring an end to this chapter. I move on to honour La Chascona which gave me wings, music to my people and a spine to my strings. It is from her that *Corazón maldito*[32] was born, that eternal struggle between the brain and the

---

[30] A river that runs through Santiago and where bodies were thrown by the military regime during the dictatorship.
[31] Chile's National Stadium was turned into a concentration camp by Chile's military regime.
[32] *Corazón maldito* was one of Violeta's most popular songs which deals with the theme of love.

guts, and *Gracias a la vida*,[33] which needs no crosses or robes. In the municipality of Barranca my book of folklore was born, I travelled all around Chile, compiling verses and songs. *La Viola dreamed of a great school, a universe of folklore, and planted with great effort her tent of art, crafts and song. My Chinito played there, as well as many an artist and with a little stove we sautéed fritters, we also served snacks with wine and laurel, all this inside our tent so culture could flower.*

My guitar, steadfast in happiness and sorrow, guided the musician who in the end could not accept that it was me who was holding the reins. I admit to fighting with snooty snobs, who, all high and mighty, tried to hamper my endeavour. Don't judge me if I fought like a lioness, this struggle was hard and to good end. *Chinito*,[34] your departure took my breath away like a kick in the ribs, but the indifference of my people caused me greater suffering. Pacing up and down like an animal in a cage, one morning I went thinking I needed to free myself.

---

[33] *Gracias a la vida* is Violeta Parra's most famous song, an anthem to life which is played all over the world.
[34] *Chinito* is a term of endearment in Chile.

Who would have imagined it? My tent in La Reina[35] saw the end of my days, not like a dear old lady, but with an anguished blast into space. I collapsed onto my guitar like an old oak tree, scattering my letters with still wet ink. With this last spectacle I hope my guitar was not condemned to the fate of a hanged man or perpetual rest.

La Chascona, "A burst of gunfire snatched her with the wind, La Viola is no longer in pain and her voice will - forever - sing. For my part, I accompany her at every gig because there is still much to do, and my hair is still a scream".

Translated by Valentina Montoya-Martínez

---

[35] La Reina is a commune of Santiago where Violeta Parra set up a large tent, her own cultural centre, which she named 'Carpa de la Reina'.

La Chascona y sus cuerdas

Valentina Montoya Martínez

Las cuerdas de mi guitarra son seis. A veces son cinco o a veces tres, a veces anda sin dientes, la pobre, hasta que las pueda reponer. ¿Qué hacer entonces cuando la causa es escoger, entre un plato 'e comía o seis cuerdas a fin de mes? Nada más que estirar el tungo y olvidar los sabañones, seguir adelante a lo bruto, golpeando por los portones. Bautizada 'La Chascona', buen nombre a mi parecer me acompaña mi guitarra del alma, que canta y llora a la vez. No es por copiar al Bardo, por grande que ha de ser, sino por la melena *a-lo-yegua*, que luce su clavijero fiel. Los músicos doctos, al ver tanta chasca, fruncen el ceño y alzan la ñata ¿digo, habrá pasado un chingue de mala pata? ¡*Le dan* con ordenar su cabellera, amarrando con trenzas o podando con tijeras! Pero a mí me gusta mi Chascona, la muy silvestre y callejera, porque así soy yo, indomable y sincera - yuyo verde, medicinal. Al inverso, como Ud. podrá ver, en un jardín francés, la maleza es muy mal vista y se elimina sin merced. Vaya qué tontería, el capricho de la burguesía, de arrancar de raíz la yerbabuena y el llantén.

    Contra viento y marea entonces, adelante con la más grave, la sexta cuerda que puntea mi pulgar.

Mi - nacimiento costó llanto, dolor y esfuerzo. ¡Teteras de agua hirviendo, casa 'e palo, mi madre pariendo! Entre gritos, llantos, sábanas blancas, sangre y sudor yo pregunto don Señor ¿estaré naciendo o muriendo? Irrumpo en el llanto de milenios, me quejo a todo pulmón, ¡qué injusta es esta cuestión, me arrancaron sin pudor de mi universo querido y simplón! Sin reparo y de un tirón me cortan el cordón que en nueve lunas me ató a mi maire. Ahora guagua autónoma, mis manitos se estiran en el aire, tanteando el nuevo mundo, buscando un ser amable. Me lavan, me limpian, me miran y me arropan, pero aún siento frío en este mundo que me azota. No sé de nada. Pero aún se. Nazco toda arrugada y estos surcos de mi sabiduría dan fe. ¡Gran acontecimiento y mucho que recorrer! así lo cuentan mis chillidos, que auguran mi crucifixión y, válgame dios, mi renacer. La partera me pilla cavilando y me acurruca al la'o 'e mi maire, yo lanzo un enorme suspiro, se me fue el frío y el hambre.

La - es una cuerda alegre y como verán, buen humorada. Yo siempre fui pará 'e la hilacha - para sobrevivir no hay que ser retraído - ¡se saca pecho para enfrentar el destino! Mi maire siempre decía, si no se la puede la arrastra y desde niña entonces partía barriendo con la guitarra. De todo inventábamos yo con mis hermanos, haciendo bailar la culebra para ganar unos centavos. Con fin de llenar el canasto, salíamos dando la tanda, avivando la cueca y limpiando chanclas. Llegábamos con charqui, pan amasa'o y tomate', guatita llena corazón contento, aliviándole el peso a mi maire. La cuerda gozaba de estas funciones fuleras y se reía de las pifias de nuestras lindas cantinelas. Escandalosa hasta con su nombre, era adivina la muy ladina, vislumbrando mis penares como maniquí en vitrina.

Re - contra dañina puede ser la existencia y con esta cuerda expongo el tono de una dolencia. A mi lado llegó un forastero, con flauta y con pandero, hechizando a la Viola con dones y misterios. Por mi parte y picarona, yo también lo fui embrujando - con voz, guitarra y kultrún - en mi buque de totora. Por nube negra, trueno y rayo, navegamos a to'a vela, con ardiente esperanza, hasta que anclar se pudiera. Ya y feliz en tierra firme, con quena, bombo y charango, mi Run Run corre a la siga, afanando sin descanso. De esta forma indiscreta, la Viola llegó a su cumbre, pero inquieto anda su chino, transcribiendo pesadumbres. En la lejanía hay un vendaval y tal cual lo dice el refrán: delfines que mucho saltan, viento traen y calma espantan. Mi Run Run parte lejos, el corazón me da un tirón, la Viola cae al abismo, comenzando ahí mi Pasión. No se confundan oyentes, esta fue la lágrima ardiente que colmó la copa de mi dolor.

Sol - cuerda bandida, testaruda hasta pa' afinar ¡parece que le encanta lucirse, chillona, en medio de un dulce vals! Cuando de mala gana chirría en pleno tuntuneo, me trae amargos recuerdos, cuales prosigo a relatar. Mi paire que'o cesante por desgracia gubernamental, de ahí conocí el hambre, la maldición popular. Mi maire con diez chiquillos, de noche a día cosiendo, mi paire ahogando penas, los cabros chicos corriendo ¿has de saber tú lo que es tal sufrimiento? La Viola partió lejos con fin de crear alivio y como ardilla empeñosa sacó a pulso su destino. En el valiente intento descubrió el sabor del ajenjo y con sesera buena, rayó las tabletas de sus diez mandamientos.

De bar en bar, guitarra al hombro, monedas me voy ganando. De norte a sur canciones recopilando. Los pobres me abren las puertas, con versos y guitarrones, yo, por mi parte agradecida, llevo sopaipillas, vinito y canciones. Me las cierran los pitucos, que me ven como basura —¿qué saben ellos de cultura? — en sus casonas atorrantes no figuran. Limosna no pido, señores, ni tampoco caridad, quédense con su lástima ¡yo vengo aquí a cantar!

Si - al fin la Viola resuelve domar la muerte, le pido mis disculpas a esta cuerda perspicaz, no es mi intención dejarla muda, triste, y desolá. El 5 de febrero del '67 la Viola decide partir - sin equipaje alguno - dejándoles todo al morir. Ahora sin pesares, en un mundo más gentil, los miro sin lamentos, yo descubrí la llave y sé lo que es vivir. Fíjense que al tanto estoy de todo: en el año 1970 ganamos las elecciones y Víctor Jara brilló como el mejor de los cantores. Yo en vida los hubiese acompañado en aquel singular triunfo y el sanguinario golpe de estado. *Mucho dolor tuvo la Viola a causa del 11 'e setiembre, ténganlo por seguro, yo hubiese esta'o presente junto a mi presidente, con un revólver en la mano*. Sé que con dos balas me hubieran doblegado, pero no antes de haberla descargado, voceando injurias, contra el asesino de mis hermanos. La Moneda en llamas, el Mapocho ensangrentado, el Estadio Nacional convertido en un siniestro circo romano. El sol brilló azul y llovió sobre Santiago, sin Dios ni ley, los traidores de la patria catástrofe causaron. Mataron al presidente, también a Víctor Jara ¡y no me vengan con cuentos! - a través de una inyección - Neruda también fue muerto.

Lo dije letra por letra, nota por nota y con desbordado quebranto, desde el otro mundo, mis acordes gritaron dolor y espanto. Mezcla de rabia, pena y dolor, el once fue el filo de una espada que partió mi lejano corazón.

Mi - Esta cuerda reaparece en tono agudo y cuesta abajo, para separar la paja del trigo y, en resumidas cuentas, terminar el relato. Paso a honrar a mi guitarra que dio curso a mi camino, la música a mi pueblo y la verdad a mi estribillo. De ella nació *corazón maldito*: la riña entre la sesera y las entrañas al igual que *gracias a la vida*, que no precisa cruces ni sotanas. En la comuna de Barranca nació mi libro de folclore, me recorrí todo Chile, recopilando versos y canciones. La Viola soñó con gran escuela, un universo del folclore y después de mucho esfuerzo plantó su carpa de color. Allí tocó mi Chinito al igual que mucho artista y con humilde cocinita sofreímos sopaipillas, también servimos antojitos con damajuana, tinto y laurel, para que a ningún invitado se le reviente la hiel.

Mi guitarra, firme en la alegría y el lamento, profundizó al músico que no supo asumir que era *yo* quien llevaba el pandero. Confieso haber arrastrado el poncho con los pitucos creídos, que, cortados por la misma tijera, me cerraron las puertas, altaneros y engreídos. No me juzguen entonces si como liona me puse en collera, esta lucha fue dura y supo valer la pena. Chinito, tu partida me quitó el aliento como golpe en las costillas, pero más dolió la indiferencia de mi chillaneja querida. Deambulando todo un día, como animal enjaulado, decidí dejar la vida, a causa de mi propia mano. ¿Quién lo hubiera imaginado? mi carpa de La Reina vio el fin de mis días con un tiro angustiado. Me desplomé sobre mi guitarra como roble talado desparramando cartas que en la mañana había apuntado. Con este último espectáculo espero no haberla condenado a un silencio perpetuo o a la suerte d'un degolla'o.

La Chascona, "Una ráfaga de fuego se la lleva con el viento, la Viola ya no duele y su canto es eterno. Por mi parte la acompaño en todas las picadas porque falta mucho que hacer y sigo despeinada".

Like ivy on a wall

Isabel Ros-López

or my sadness, blue violet, sang Carmen under her breath, walking leadfooted along Rocio Park, which, like a good friend, accompanied her and dressed her path by flanking it with palm trees, hibiscus, ficus, bananas , a universal militia of trees and plants, which had ended up there, brought by various colonists throughout the centuries.

They said that everything would happen at sixteen; well, lots occurred, and she discovered much more with a voracious hunger. She discovered that the road to freedom was uphill. There were experiences she would have preferred to learn through reading and not in the flesh. She once had a friend who knew how to draw Che Guevara freehand from memory and he did it often, even on walls. The same 'friend' who decided to help himself to Carmen's body while she slept. *Bastard*, she thought, murmuring from a visceral feminism: *Look at the way they speak to us of freedom, while they deprive us of it*. Her nostrils opened, and her lips stretched while she ground her teeth in rage. *With friends like that, you don't need enemies*, she thought, lifting her gaze to a branch heavy with dates which hung like a candelabra lighting one of the palm trees along the walk. She felt a raised eyebrow while a scream stuck in her throat.

An aunt of hers gave her a guitar, which turned into a personal treasure, another arm. She barely learned a few chords before she was plucking out songs by Ma Dolores Pradera and Joan Baez. One day she took the guitar and rummaging between chords and frets she brought out the chords of a song by Paco Ibañez. She had one of his records, live from the Olympia in Paris, where he sang from exile denouncing the dictatorship's crimes. Carmen sang a voice stream and for the first time felt the refreshing kiss of freedom in her throat: *You can't go back, because life pushes you forward, like a never-ending howl, never-ending...* For her, poetry was already *a weapon loaded with the future.*

Carmen arrived at the kiosk at the park, where a woman in a headscarf and blue apron was placing periodicals on display. At the front were the daily newspapers, lined up like soldiers. Carmen's eyes travelled curiously from left to right, exploring, until they rested on a pile of magazines on the floor. On the cover, a photo of an older man with glasses, and broken glass superimposed. *The father or grandfather of someone or somebody,* she thought. She sensed it was bad news, and that the gentleman was dead. The magazine was *Notebooks for Dialogue*, and the *gentleman* was Salvador

Allende. It was September 1973. She did not know that this event and its consequences would mark her life forever. She moved away, mournful and continued to walk toward the small fountain, she wanted to sit for a while at the edge of the water, to think.

That same afternoon, Carmen passed the kiosk again, to take another look at the magazines with the gentleman with glasses, but where there had been a batch there was now nothing. She asked the woman with the scarf for the magazines that had been there barely an hour ago.

'What was it called?'

'Something about notebooks.'

'Ah, yes', she said, pointing with a finger to the ground, at the other side of the display. 'I can't put them out, but if someone requests them...'

On the ground was a messy pile of publications with the cover and some of the pages pulled out. The censors had done this when they deemed that something was against the regime. Carmen knew that at times they confiscated entire magazines, but she didn't know why they had done it to this issue of *Notebooks* Something was wrong.

Soon the Chilean refugees began to arrive. Many had been in jail and spoke of terrible experiences. Others said nothing personal and limited themselves to talking about the coup, about Pinochet, about the U.S. support for the dictator who was an admirer of Franco. They spoke of torture, disappearances and murders. The news from Chile had a macabre resonance with conditions in Spain, where there were frequent reports of arrests and executions. The memory of the civil war was still being experienced in real life, but for Carmen, everything around her was a cloud of secrets. With her family, in the streets, even conversations among friends were spoken almost in code, it was hard to know what people were talking about. To ask questions was risky.

She knew that the man with the glasses had been killed for wanting social justice.

Carmen felt that *a river of blood ran through the contours of the world*. In a short time, she learned some things about the Civil War and revolution, which was barely talked about. There was talk of war, of hunger, of poverty, all infused with the stale scent of fear. You had to go about carefully. Look over your shoulder. *The walls have ears*, people would say. The words *repression, injustice, dictatorship* and *murder* echoed in meeting places, along with the cry of *Freedom* painted on walls. The Francoist dictatorship was in its death throes. In Chile the terrible nightmare was beginning.

With refugees came music, news of how the Chilean New Song Movement was repressed along with the people and how Víctor Jara was killed in the Chile Stadium, where thousands of people were arrested, tortured and murdered. Latin American and Spanish folksingers denounced these events, rendered homage to the voices speaking out against the infamy while singing to folk, to justice, to socialism, to love, to the pepper, to the earth... Carmen embraced those songs which entered her bloodstream, as if by osmosis, and raised her voice to the wind at every opportunity. She carried her guitar everywhere, as if it were someone with its own personality. She discovered there was an essential link between her singing and those who heard it. That it provoked tears, laughter, anger and, in some way, it united those who listened.

She could not find enough time to learn, to share, to express, to understand and above all, to sing. From that afternoon when she played the chords to *Words for Julia*, a reason for being was unleashed within her, a furious desire to let loose her voice to the four winds and sing truths according to her own self. And now, she was not alone.

Soledad Bravo brought Violeta Parra singing in the Roble sports stadium, that *they sent a letter by early mail* to tell her that *her brother had been taken prisoner* and *what would the Holy Father, who lives in Rome, say about the dove's throat being cut?* Mercedes Sosa gave her *Thanks to Life*. Pablo Milanés swore that *life is worth nothing if others are being killed and I just continue singing as if nothing were happening.* Quilapayún was *opening and closing the wall* according to whomever was knocking and finally, in her own voice Violeta Parra arrived in vinyls and tapes which were passed from hand to hand with furious eagerness, asking *has such insolence, barbarity and malicious intent, the wielding of a shotgun and killing in cold blood those who have nothing, but empty hands ever been seen? Yes.*

'Mr Tourist, the country looks lovely, but they haven't shown you the shantytowns. While they spend millions in a flash, people die of hunger that is a portent. 'Carmen thought this could be Spain with its touristy towns.

Pablo returned, with tenderness capable of breaking hearts. *If you are the poet, as the poet said, what do I have to tell you, commander?* No one would take from Carmen her love and admiration for Che Guevara. Not a miserable jerk who thought women's bodies were his to rape at his leisure. No matter how well he could draw his image from memory, no matter how much he posed as a revolutionary. *Bastard*, she thought again, and once more raised her left eyebrow.

A few weeks later, on a Saturday morning Carmen arranged with a friend to buy a tape of forbidden material. Manolo furtively exchanged the tape for 75 pesetas and each went on their way. It was the record of Victor's *I Remember You Amanda*. Carmen cried when she listened to it; at other times she was enraged. She rewound the tape in an old borrowed tape recorder until she knew all the songs by heart. She sang them wherever she went, one after the other, unconsciously receiving a robust social, artistic, poetic and political education.

She knew that Violeta said that *'All Chilean people are artists. More artistic than anyone.'* Well, then, thought Carmen, *if all the Chilean people are so, then all people must be, including myself.*

Months later, on a Thursday afternoon, her friend Federica came to see her on her motorcycle, with an urgent expression on her face.

'Carmen, there is a sit-in at the association to protest Puig's execution[36]. Grab your guitar and come, to raise the spirits, ok?' A short time later Carmen left with

---

[36] Barcelona, 1974: Salvador Puig Antich, Iberian Liberation Movement activist, was executed by garotte, despite massive national and international protests.

the guitar wrapped up in a shoulder bag, climbed on to the motorcycle, *as fragile as a second* and grabbed Federica's waist while holding the guitar tightly against her ribs, singing defiantly into the wind: *It gets entangled, entangled, as the ivy on the wall, and it is sprouting, sprouting, like the moss on the stone ...*

Hundreds of young people had gathered in the auditorium, agitated, nervous and at the same time determined to raise their voice. Carmen sat down in front of them, took out her guitar and opened her throat:

'*The more injustice, Mr Judge,*

the more strength my soul has to sing.'

Carmen felt that her voice echoed a common feeling that turned into a single voice, as if the one singing and the ones listening were the same body for an instant outside of time.

Como en el muro la hiedra

Isabel Ros López

Para mi tristeza, violeta azul, cantaba Carmen a media voz, caminando como con zapatos de plomo a lo largo del parque del Rocío que, como buen amigo, le acompañaba y arropaba su andar flanqueándola con palmeras, hibiscos, ficus, plataneras, toda una milicia universal de árboles y plantas que habían acabado ahí, traídos por colonos varios a través de los siglos...

Decían que todo ocurriría a los dieciséis, pero Carmen no daba crédito a sus sentidos, pues mucho ocurrió y más descubrió con hambre voraz. Descubrió que el camino hacia la libertad era cuesta arriba. Había experiencias que hubiese preferido aprender leyendo y no en propia carne. Tuvo una vez un amigo que sabía dibujar al Ché de memoria y a pulso y lo hacía a menudo, hasta en paredes. El mismo 'amigo' decidió un día servirse el cuerpo de Carmen, mientras esta dormía. *Cabrón* pensaba, murmurando desde un feminismo visceral: *Miren como nos hablan de libertad, mientras de ella nos privan en realidad.* Se abrieron sus fosas nasales y sus labios se estiraron mientras apretaba los dientes con furia. *Con amigos así, no hacen falta enemigos* —pensó, levantando la mirada hacia una rama preñada de dátiles que colgaba como un candelabro encendido de una de las palmeras del paseo. Sintió cómo se arqueaba su ceja izquierda mientras un grito quedaba atrapado en su garganta.

Una tía suya le regaló una guitarra, que se convirtió en un tesoro personal, otro brazo. Apenas aprendió unos acordes y sacaba punteos de canciones de Ma Dolores Pradera y Joan Baez. Un día, tomó la guitarra y rebuscando entre cuerdas y trastes sacó los acordes de una canción de Paco Ibáñez. Tenía un disco suyo, en directo desde el Olympia de París, donde cantaba exiliado denunciando los crímenes de la dictadura. Carmen cantó a chorro de voz y por primera vez sintió el refrescante beso de la libertad en su garganta: *Tú no puedes volver atrás, porque la vida ya te empuja, como un aullido interminable, interminable...* La poesía era ya para ella *un arma cargada de futuro.*

Carmen llegó al kiosco del parque donde una señora con pañoleta y un mandil añil, colocaba ejemplares en el escaparate. En primer plano los diarios, como soldados en fila. Los ojos de Carmen recorrían curiosos de izquierda a derecha, explorando, hasta caer sobre un montón de revistas en el suelo. En la cubierta, una foto de un señor mayor con gafas, cubierto de cristales rotos. *El padre o abuelo de alguien* —pensó. Intuyó que eran malas noticias, y seguro que el señor estaba muerto. La revista era *Cuadernos para el Diálogo*, y el *señor* Salvador Allende. Era septiembre de 1973. No sabía entonces cómo aquel evento y sus consecuencias marcarían su vida para siempre. Se alejó, algo apesadumbrada y siguió andando hacia los jardines de la fuentecilla, quería sentarse un rato al lado del agua, a pensar.

Aquella misma tarde, Carmen pasó de nuevo por el kiosco, para volver a ver la revista del señor y los cristales, pero donde antes había un lote, ahora no había nada. Le preguntó a la señora del mandil por la revista que estaba ahí hacía apenas una hora.

—¿Cómo se llamaba?

—Algo de *Cuadernos*.

—Ah, sí, dijo, apuntando con el dedo al suelo, al otro lado del escaparate, así no las puedo poner donde las revistas, pero si alguien las pide...

En el suelo había un montón desaliñado de publicaciones con la portada y algunas páginas arrancadas. Los censores hacían eso cuando consideraban que algo iba contra el régimen. Carmen sabía que a veces confiscaban revistas enteras, pero no por qué hicieron esto con este número de *Cuadernos*, pero le olía mal.

Pronto empezaron a llegar refugiados y refugiadas chilenas. Muchas habían pasado por la cárcel y contaban experiencias terribles. Otros no decían nada personal y se limitaban a hablar del golpe, de Pinochet, del apoyo de EE. UU. al dictador que fue admirador de Franco. Hablaban de tortura, desapariciones y asesinatos. Las noticias de Chile rimaban macabramente con la realidad vivida en España, donde frecuentemente corrían noticias de arrestos y ejecuciones. La memoria de la guerra civil estaba aún en carne viva, pero para Carmen, todo a su alrededor era una nube de secretos. En la familia, en la calle, hasta las conversaciones con amistades eran casi habladas en clave, era difícil saber de qué hablaba la gente. Hacer preguntas era arriesgado. Supo que el señor de las gafas fue asesinado por anhelar justicia social.

Carmen sentía que *un río de sangre corría por los contornos del mundo*. En poco tiempo aprendió a alta velocidad cosas sueltas sobre la Guerra Civil y la revolución, de las que apenas se hablaba. Se hablaba de *la guerra*, del hambre, la pobreza, todo empapado en un olor rancio a miedo. Había que andarse con cuidado. Mirar por encima del hombro. *Las paredes oyen* decía la gente. Las palabras *represión, injusticia, dictadura y asesinato* hacían eco por los lugares de encuentro, junto al grito de *Libertad* pintado por las paredes. La dictadura franquista daba sus últimos coletazos. En Chile comenzaba la terrible pesadilla.

Con los refugiados llegó la música, noticias de cómo *la Nueva Canción Chilena* era reprimida junto al pueblo y cómo Víctor Jara fue asesinado en el Estadio Chile, donde miles de personas fueron detenidas, torturadas y asesinadas. Cantautores latinoamericanos y españoles hacían denuncia de los sucesos, rendían homenaje a las voces que denunciaban la infamia cantando a los pueblos, a la justicia, al socialismo, al amor, al pimiento, a la tierra... Carmen abrazaba aquellos cantos que se volvían parte de su sangre, como por ósmosis, y lanzaba su voz al viento a cualquier oportunidad. A todas partes llevaba su guitarra que trataba como alguien con personalidad propia.

Descubrió que había un lazo esencial entre su canto y quienes lo oían. Que provocaba lágrimas, risas, enojos y que, de alguna manera, unía a quienes escuchaban.

Le faltaba tiempo para saber, compartir, manifestar, entender y, sobre todo, para cantar. Desde aquella tarde en que sacó los acordes de *Palabras para Julia*, se había desatado en ella una razón de ser, un furioso deseo de soltar su voz a los cuatro vientos y cantar verdades según ella misma. Y ahora, ahora no estaba sola.

Soledad Bravo le trajo a Violeta Parra cantando en el Polideportivo del Roble, que le *mandaron una carta por el correo temprano* para decirle que *cayó preso su hermano...* y *¡qué dirá el Santo Padre, que vive en Roma,* *que le están degollando a su paloma!* Mercedes Sosa le daba *Gracias a la vida*. Pablo Milanés juraba que *la vida no vale nada si a otros están matando y yo sigo aquí cantando cual si no pasara nada*. Quilapayún iba *abriendo y cerrando la muralla*, según quien tocase el tún-tún, y por fin, en voz propia llegó la Violeta en vinilos y cintas que pasaban de mano en mano con avidez furiosa denunciando *¿Habrase visto insolencia, barbarie y alevosía, de presentar el trabuco y matar a sangre fría, a quien defensa no tiene con las dos manos vacías? sí."*

"*Linda se ve la patria señor turista, pero no le han mostrado las callampitas[37]. Mientras gastan millones en un momento, de hambre se muere gente que es un portento*". Carmen pensaba que podía ser España, y sus pueblos turistificados...

Volvía Pablo, ternura capaz de quebrar corazones: *Si el poeta eres tú, como dijo el poeta... ¿qué tengo yo que hablarte comandante?* Nadie iba a arrebatarle a Carmen su amor y admiración por el Ché. Ni un miserable pendejo que pensaba que los cuerpos de las mujeres eran suyos para violar a su antojo, por más que supiera dibujar su imagen de memoria, por más que posara de

---

[37] Chabolas, viviendas precarias.

revolucionario. *Cabrón*, pensó de nuevo, y de nuevo se le arqueó la ceja izquierda.

A las pocas semanas, un sábado por la mañana Carmen quedó con un amigo para comprarle una cinta de material prohibido. Manolo le intercambió disimuladamente la cinta por 75pts y cada quien se fue por su camino. Era el disco de *Te recuerdo Amanda* de Víctor. Carmen lloraba mientras la escuchaba, otras veces se enrabiaba. Daba la vuelta a la cinta en un viejo magnetofoncillo prestado, hasta saberse de memoria todas las canciones. Las cantaba por donde fuera, una tras otra, recibiendo, sin ser consciente entonces, una robusta educación social, artística, poética y política.

Sabía que Violeta dijo que *"Todo el pueblo de Chile es artista. Es el más artista que nadie."* Pues sí —pensaba Carmen— *y si lo es todo el pueblo de Chile, han de serlo todos los pueblos, incluida yo.*

Meses después, un jueves por la tarde llegó a verla su amiga Federica en su motocicleta con cara de urgencia.

—Carmen, que hay encierro en el ateneo en protesta por la ejecución de Puig[38]. Coge la guitarra y

---

[38] Barcelona, 1974: Salvador Puig Antich, activista del Movimiento Ibérico de Liberación fue ejecutado con el garrote vil, a pesar de masivas protestas nacionales e internacionales.

vente, pa' subirles el ánimo ¿vale?

Al poco salió Carmen con la guitarra enfundada como bolso en bandolera, se subió de paquete a la moto, *tan frágil como un segundo* y se agarró a la cintura de Federica mientras con un brazo agarraba la guitarra empinada a su costado, cantando determinada contra el viento: *Se va enredando, enredando, como en el muro la hiedra, y va brotando, brotando, como el musguito en la piedra...*

Cientos de jóvenes se aglomeraban en el salón de actos, agitados, nerviosos, y a la vez determinados a alzar su voz. Carmen se sentó frente a ellos y ellas, sacó la guitarra y abrió su garganta:

"Entre más injusticia, señor fiscal,
más fuerzas tiene mi alma para cantar."

Carmen sintió que su voz se hizo eco de un sentimiento común que se convertía en una sola voz, como si quien canta y quien escucha fuesen el mismo cuerpo por un instante fuera del tiempo.

Commentaries on the winning stories

~

Comentarios a los cuentos ganadores

Oral tradition and *costumbrismo* in "The *Cantora* and her *Vihuela*"

Leonardo Boix

In his *Guide for the perfect storyteller* (1929), Uruguayan writer and playwright Horacio Quiroga holds that the contemporary narrator should work with present day masters as well as those of classic literature, believe in themselves "as God Himself," imitate their art as well as the art of the ancients until finding his or her own individuality, trying to avoid the repetition of pre-existing beginnings. Each work creates its own rules on the condition of having sufficient evocative power to transmit a human truth, adds the author of such classics as "Love stories of madness and death", among others. This originality and one's own voice to which Quiroga refers here helps us understand, in a broader and more comprehensive way, the story, "The Cantora and her vihuela," by Fermín Pavez, which was awarded first place in Victorina Press's Violeta Parra short-story competition.

In this deep and powerful tale, Pavez tells of Violeta Parra's travels around the Chilean territory in a masterly fashion and using a polyphony of popular voices as she sings with her guitar at "births, baptisms, going away parties, weddings, blessings at seedtime and celebrations of good wheat or oat harvests, funerals." It is a short story written with a very original pen which seeks to record voices from the past, what is heard in family gatherings or in the exhaustion of farmworkers, letting characters from the Chilean countryside speak of Violeta Parra's singing with plain and dazzled conversation. In this way it is possible to hear the dialogue of harvest workers, of mothers with children preparing lunch, of the elderly and peasants gathering on a patio or in the kitchen of a modest home.

For the narrator, who somehow adds to this chorus of voices typical of the Latin American countryside, Parra's songs "cried out against injustice," they were like "prayers to absent gods," and were destined for "those who lack a voice or the courage to face the losses hidden above the clouds covered with forgetting and employer negligence."

As a researcher Clara Sotelo explains in her work, *Testimony: an alternative way of narrating and making history* (1995), the emergence and consolidation of testimonial literature "is part of more recent Latin American realities which in the social field coincide with urbanisation, industrialisation, mass migration, the emergence of the middle class and working-class literacy." According to this expert in Latin American literature, all these conditions "have transformed the landscape of the literary establishment to the point of converting it into an environment where it becomes viable to open a space for the expression of this "other history," which now we can listen to from the very voice of the silenced and the excluded."

In this way Pavez' story can be placed in this writing trend of oral history, which takes place in a period "filled with monotony and struggle" in the modest homes at the edge of the planted fields of the Chillan countryside. It is a period, however, which is revolutionised by the arrival of a Singer born north of Chillan, "tied firmly to her guitar and the horse's reins." It is precisely those workers and peasants who narrate and who best tell the story.

Parra, with her songs of human revaluation, of workers' vindication and of social protest, manages to surround herself with people of modest circumstances, who find in her a kind of popular heroine. As Pavez describes in his story, "—I come to sing to the newlyweds! —she said to a crowd of a couple dozen men and women, all in their best outfits; the women in their best, most colourful dresses without their usual aprons and hair dyed from the soot of kitchen pots and firewood or charcoal; the men, all dressed up, with tired hands covered with callouses and sweat covering their tanned faces, who worked from dawn till dusk on land they would never own."

It is precisely thanks to this kind of description of social conditions, the use of popular slang and the attention to details of local customs from the polyphony of voices that we can detect in Pavez's story echoes of our great Latin American storytellers, from Juan Rulfo and Julio Cortázar to João Guimarães Rosa, Juan Carlos Onetti or Augusto Roa Bastos.

"The *Cantora* and her *vihuela*" stands out for its honest depiction of peasant voices, with the customs and traditions of "those who have no voice," allowing us to hear these dear characters from the Chilean countryside so loved by Violeta Parra and whom she celebrated in her beautiful popular songs.

Translated by Odette Magnet

Oralidad y costumbrismo en "La cantora y su vihuela"

Leonardo Boix

En el "Decálogo del perfecto cuentista" (1929), el escritor y dramaturgo uruguayo Horacio Quiroga, sostiene que el narrador contemporáneo debe operar frente a los maestros actuales como ante los clásicos de la literatura, creer en ellos "como en Dios mismo", imitar su arte como el arte de los antiguos hasta encontrar su propia individualidad, tratando de evitar la repetición de principios preexistentes. Cada obra crea sus propias reglas a condición de disponer del poder evocativo suficiente para transmitir una verdad humana, agrega el autor de clásicos como "Cuentos de amor de locura y de muerte' y "Cuentos de la selva", entre otros.

Esa originalidad y voz propia a la que se refiere Quiroga nos sirve aquí para entender de un modo más amplio y abarcador el relato "La cantora y su vihuela", de Fermín Pavez, que mereció el primer premio Violeta Parra de cuento corto otorgado por la editorial Victorina Press.

En este relato profundo y poderoso, Pavez relata de forma magistral y utilizando la polifonía de voces populares, los recorridos que hacía Violeta Parra por el territorio chileno, al cantar con su vihuela en "nacimientos, bautizos, despedidas, casamientos, bendiciones a la siembra o celebrar las buenas cosechas de trigo o avena, funerales".

Se trata de un cuento escrito por una pluma muy original que busca rememorar las voces del pasado, lo escuchado en tertulias familiares o en el descanso de los labriegos, dejando hablar a personajes del campo chileno a partir de la conversación llana y deslumbrada por el canto de Violeta Parra. Es posible oír así el diálogo de trabajadores de la cosecha, de madres con sus niños preparando el almuerzo, de ancianos y campesinos reunidos en un patio o en la cocina de una casona humilde.

Para el narrador, que se suma de alguna manera a ese coro de voces de típicos habitantes del campo latinoamericano, las canciones de Parra "gritaban contra la injusticia", eran como "plegarias a dioses ausentes", y estaban destinadas a "los que carecían de voz o valor para enfrentar las pérdidas que se escondían allá arriba sobre las nubes cubiertas de olvido y de negligencia patronal".

Como explica la investigadora Clara Sotelo en su trabajo "El testimonio: Una manera alternativa de narrar y de hacer historia" (1995), el surgimiento y consolidación de la literatura testimonial "hace parte de esas realidades latinoamericanas más recientes que en el campo social coinciden con la urbanización, la industrialización, la migración masiva, el surgimiento de sectores medios y la alfabetización de la clase obrera". Según la experta en literatura de América Latina, todas estas condiciones "han transformado el paisaje de la ciudad letrada hasta convertirlo en un ambiente donde se hace viable la apertura de un espacio para la expresión de esa 'historia otra', la que ahora podemos escuchar desde la voz misma de los silenciados y de los excluidos".

El relato de Pavez puede insertarse de ese modo dentro de esta corriente de escritura de testimonio oral, que transcurre en un tiempo "lleno de monotonía y esfuerzo en los hogares humildes a la orilla de los potreros sembrados del campo chillanejo". Es un tiempo que sin embargo se ve revolucionado por la llegada de la cantante nacida al norte de Chillán, "aferrada firmemente a su guitarra y la rienda del caballo". Son justamente esos trabajadores y campesinos quienes la narran y quienes cuentan mejor su historia.

Parra, con sus canciones de revalorización humana, de reivindicación de los trabajadores y de protesta social, logra reunir en torno de sí a personas humildes, que encuentran en ella una especie de heroína popular. Como describe Pavez en su relato: "—¡Vengo a cantarle a los novios! —le dijo a la multitud de un par de docenas de hombres y mujeres: todos con sus mejores 'pilchas'; ellas con sus mejores y más coloridos vestidos —sin sus acostumbrados delantales y cabello teñidos del hollín de las ollas de las cocinas a leña o carbón—; ellos, todos 'afutrados', de manos cansadas y cubiertas de callos y el sudor cubriendo sus curtidos rostros laborando la tierra de sol a sol, que nunca poseyeron."

Es justamente gracias a ese tipo de descripciones de lo social, del uso de la jerga popular, y la atención a los detalles costumbristas a partir de la polifonía de voces, que podemos percibir en el relato de Pavez ecos de grandes cuentistas de nuestra América Latina, desde Juan Rulfo y Jorge Cortázar, hasta João Guimarães Rosa, Juan Carlos Onetti o Augusto Roa Bastos.

"La cantora y su vihuela" se destaca por su honesta cercanía con las voces de campesinos, con las costumbres y tradiciones de "aquellos que no tienen voz", permitiéndonos escuchar a esos entrañables personajes del campo de Chile que tanto quiso Violeta Parra, y que tanto celebró en sus bellísimas canciones populares.

"Queer" desire and otherness in "Pablo is Missing"

Leonardo Boix

How does one narrate the experience of longing for the Chilean homeland in Violeta Parra's work as "queer," from the perspective of otherness as a sexual minority? How does one remember a personal history of love, separation and exile in a voice that is at once homosexual and contemporary?

In "Pablo is Missing," the Chilean Patricio Olivares offers us a moving story which seeks, from the remembrance of a truncated love affair, to talk of much broader themes such as memory, nostalgia, solitude, abandonment and two men's desire for each other.

"Do you remember, Pablo, that time we met up at the Santa Ana metro station to skip school?" the narrator begins his story with this question, as he recalls the adolescent and juvenile experience in the Chile in the early 90s, that past period that put an end to the Pinochet military regime. It deals with a moment of boundless happiness of a people, who celebrate the liberation from something from which they are still not independent: colonialism, exploitation and slavery.

Just there, in the story's opening lines, comes the narrator's first wink to Parra and the longing to "return to age 17." It's a kind of turning to a space perceived as idyllic, where desire and love seem perfect. "Wouldn't it be great to go back to age 17, would it?" Cristobal, the protagonist of this story, asks us.

It is a time not only of civil disobedience and the return to democracy in Chile, but also of personal disobedience, of the first LGBT struggles, and the first—although belated—recognition of sexual minority rights. As Cristobal explains as he recalls his first youthful experiences with Pablo: "I don't recall clearly if it was in the fourth year or in the third, but the clouds in the sky, white and stunning of that morning are as clear in my mind as a photograph that has not lost its color or validity over time. I remember because it was the first time I did something outside the rules, the first time I disobeyed, and it was you, Pablo, who took the initiative," he explains.

This time could not be idyllic because this relationship between Cristobal and Pablo happens in a setting of homophobia, born at a school run by priests in Santiago, where the desire between men "was improbable, insane, abnormal." The protagonists "could not give free rein to their feelings." Gay desire is seen by others at the time "as perversion and the devil's work."

"So, both were silently loaded with feelings," the narrator explains, who stops hinting at the context of a love affair that seems to go against society, and which tries to flourish despite social prejudices. Cristobal takes us back to Violeta Parra, whom he remembers as a heroine, because "in her own flesh she suffered loneliness, lack of love, abandonment, among other things, and did not only know glory."

They also hear Parra in the "French Hair Salon," where the protagonists say they have no idea "of her story," nor of "the stories told about her," suggesting a supposed homosexual desire on the part of the folk singer, something many prefer to silence or hide. Later, after more than a decade of no contact, Pablo, a young writer and Cristobal, a translator, meet up again on Facebook and manage to renew their love affair.

"While this last guy (Pablo) hides his homosexuality, the other (Cristóbal) has already had several relationships; however, Pablo was always in his memory." The protagonists decide to live together in Chile and later travel to England, where there "is the possibility of openly living their love" and "an economic development which in Chile does not exist." But this idyllic notion of love seems to be thwarted by the longing for the Chilean birthplace.

"I'm going back to Chile, I can no longer stand this country; do you remember the work of Violeta Parra, where she speaks of her sadness, of her longing for Chile, I think the same thing is happening to me [...] I miss my friends, the meals, the family, I miss everything," Pablo explains. For Pablo, people "are nothing more than the memory we keep of our most beloved remembrances." The narration ends appropriately with Parra's song, "Absent Violeta:"

"Why did I leave Chile
when I was so well there?
now I walk in strange lands, oh,
singing full of sorrow"

Despite this separation, the story closes with a final image of a "fade out," a call for hope for "queer" desire, regardless of distances, cultures, traditions. "Only an image remains in the remembrance, two adolescents kissing one midday in September in the Quinta Normal Park."

"Pablo is Missing" is a brave and necessary account, which draws on Parra to express desire for the other, for the homeland, for the memory that has been lost and always sought to be recovered.

Deseo "queer" y otredad en "Pablo ausente"

Leonardo Boix

¿Cómo narrar desde lo 'queer', desde la perspectiva del otro como minoría sexual, la experiencia de añoranza por la patria chilena en la obra de Violeta Parra? ¿De qué forma rememorar una historia personal de amor, separación y exilio desde una voz que es al mismo tiempo homosexual y contemporánea?

El chileno Patricio Olivares nos ofrece en "Pablo ausente" una conmovedora historia que busca, a partir de la remembranza de un amor truncado, hablar de temas mucho más amplios como la memoria, la nostalgia, la soledad, el abandono y el deseo entre dos hombres.

"¿Te acuerdas Pablo, de esa vez que nos juntamos en el metro Santa Ana para hacer la cimarra?", comienza el narrador en su relato, al recuperar en la experiencia adolescente y juvenil en Chile de principios de los 90, ese tiempo pasado que pone fin al régimen militar de Pinochet. Se trata de un momento de "alegría desbordante del pueblo, que festeja una liberación de algo de lo cual aún no se independiza, el colonialismo, la explotación, la esclavitud."

Justamente se da allí, en las primeras líneas del cuento, el primer guiño del narrador a Parra y la añoranza de esta por "volver a los 17". Se trata de alguna manera de una vuelta a un espacio que se percibe como idílico, donde el deseo y el amor parecen perfectos. "¿Que bueno sería volver a los 17, no lo crees?.", nos dice Cristóbal, el protagonista de esta historia.

Es un período no sólo de desobediencia civil y vuelta a la democracia en Chile, sino también de desobediencia personal, de las primeras luchas de los colectivos LGTB, y los primeros- aunque tardíos- reconocimiento de derechos de minorías sexuales.

Como el propio Cristóbal explica al recordar las primeras experiencias de juventud con Pablo: "No recuerdo con claridad si fue en cuarto medio o en tercero, pero sí las nubes en el cielo, blancas y despampanantes de esa mañana se ven claramente en mi mente, como una fotografía que no pierde colorido ni vigencia en el tiempo. Lo recuerdo porque fue la primera vez que hacía algo que estaba fuera de las reglas, la primera vez que desobedecía y fuiste tú Pablo, el de la iniciativa", explica. No se tratará de un período solamente idílico, porque esa relación entre Cristóbal y Pablo se da en todo caso en un contexto de homofobia, nacida en un colegio de curas de Santiago, donde el deseo entre hombres "era improbable, insano, anormal".

Los protagonistas de la historia "no podían dar rienda suelta a sus emociones". El deseo gay es visto entonces por los otros "como perversión y obra del demonio".

"Así es que ambos silenciosamente cargaban con sus sentimientos", explica el narrador, que deja entrever el contexto de una relación de amor que parece ir a contrapelo de la sociedad, y que entonces buscaba florecer a pesar de los prejuicios sociales.

Cristóbal vuelve a traernos a Violeta Parra, a quien recupera como heroína, porque "sufrió en carne propia, la soledad, el desamor, el abandono, entre otros y no solo supo de gloria". De Parra, también escuchan en la "Peluquería Francesa", donde los protagonistas dicen no tener idea "de su historia", como tampoco "de las historias que se cuentan con respecto a ella", dando a entender un supuesto deseo homosexual en la cantautora popular, algo que muchos prefieren callar u ocultar.

Luego de más de una década de no estar en contacto, Pablo, un joven escritor y Cristóbal —traductor— se reencuentran a través de Facebook, y logran retomar su relación de amor.

"Mientras este último (Pablo) ocultaba su homosexualidad, el otro (Cristóbal) ya había tenido varias parejas, sin embargo, en la memoria estaba siempre Pablo."

Los protagonistas deciden vivir juntos en Chile y luego viajan a Inglaterra donde existía "la posibilidad de vivir su amor libremente" y "un desarrollo económico que en Chile no existía".

Pero ese idilio de amor parece verse truncado ante la añoranza por el Chile natal.

"Me vuelvo a Chile, no aguanto más este país; ¿te acuerdas del tema de Violeta Parra, donde habla de su tristeza, de sus añoranzas de Chile? creo que me pasa lo mismo [...] extraño a mis amigos, las comidas, la familia, lo extraño todo", explica Pablo.

Para Pablo, las personas "no somos nada más que la memoria que guardamos de nuestros más queridos recuerdos".

La narración termina de manera apropiada con la canción de Parra "Violeta ausente",

"¿Por qué me vine de Chile
tan bien que yo estaba allá?
ahora ando en tierras extrañas
ay, cantando como apená..."

A pesar de esa separación, el relato se cierra con una imagen final a modo de "fade out", un llamado a la esperanza por el deseo "queer", sin importar las distancias, las culturas, las tradiciones. "Solo una imagen quedaba en el recuerdo, dos adolescentes besándose en un mediodía de septiembre en el Parque Quinta Normal."

"Pablo ausente" es un relato valiente y necesario, que recupera a Parra para expresar el deseo por el otro, por la patria, por la memoria que se ha perdido y que busca siempre recuperarse.

The *Arpillera*

Isabel del Rio

The whole world knows Violeta Parra as a songwriter and singer, as an ethno-musicologist and activist, as well as a feminist icon and the pioneer of the Nueva Canción Chilena. But her extraordinary music has to some extent overshadowed her work as a visual artist, even though when still alive she exhibited her work in several European countries, including France and Switzerland.

Violeta was a true artist, a Renaissance woman of many talents, shining brightly in everything she did. Her style as a visual artist encompasses both tradition and modernity, the naïf and lifelike style and the non-representational. As a result, her Art is both ethnic and universal, embracing the traditional and popular as well as the contemporary.

She excelled in all her art: oil paintings, papier-mâché pieces, ceramics, and embroidered canvases. The latter are perhaps her most famous works of art. Her burlaps or arpilleras are extraordinary patchwork pictures reflecting a world populated by country folk, animals, musical instruments, and her own set of beliefs. In all, a prodigious iconography.

Her compositions are jarring and impactful: views of sinking ships, assorted landscapes, musical instruments entangled with woodland creatures, bright scenes from a circus. The effect on the viewer cannot be but harrowing, surreal, spectacular. She claimed that she was happiest when involved in her artwork.

One of her most well-known embroidered arpilleras is "Christ in a bikini", and one of the winning stories "La arpillera" tells us about this particular artwork.

"La Arpillera" has won the third prize of the Victorina Press Short Story Competition, and it is written by Marijo Alba.

Our winner Marijo Alba is, like Violeta, both a poet and an artist. And so Marijo speaks with the voice of experience and with the emotions and dreamlike intensity that a visual artist is capable of.

In her story, Marijo ingeniously transforms a simple visit to the Museum of Violeta Parra (well, there can be nothing simple in visiting that wondrous museum) into an entirely surreal experience. The story is narrated with subtle humour and yet with great tenderness, and it includes a detailed and technical description of what an arpillera is.

Marijo takes us on a journey. From the technical explanation by the museum guide to the sudden surreal occurrence where the images in the picture, i.e. Christ and the little bird, come alive and hold a conversation just like you and I could hold. They discuss the fact that the title of the work is "Christ wearing a bikini". Christ does not agree with that title, and the little bird talks about Art. Christ's head is blobbing sideways, his heart is visible, he wears a simple cloth tied on one side, a tear seems to fill and distort his countenance... What Marijo comes to tell us is that those two characters, Christ and the little bird, are imbued with such strength and passion that they cannot but come alive and express their thoughts openly and freely. Congratulations, Marijo!

La Arpillera

Isabel del Río

A Violeta Parra se la conoce en el mundo entero como cantautora, etnomusicóloga y activista, pero también como un icono feminista y pionera de la Nueva Canción Chilena. Sin embargo, la portentosa música que compuso dejó de algún modo a la sombra su labor como artista visual, y eso que su obra artística se expuso en distintos países europeos, entre otros Francia y Suiza, cuando ella aún vivía.

Violeta era una artista indiscutible, una mujer renacentista de muchos talentos, sobresalía con brillantez en todo lo que hacía. Como artista visual, incorpora elementos tradicionales y modernistas a la vez, es decir, su estilo naïf y fiel a la realidad ofrece al mismo tiempo un planteamiento no-figurativo. Como resultado, su arte es a la vez étnico y universal, pues incorpora tanto tradiciones artísticas populares como elementos contemporáneos.

Destacó en todas las artes que practicó: óleos, figuras de papier-mâché, cerámicas y arpilleras. Estas últimas son las más célebres de su creación artística, imágenes a retazos y una prodigiosa iconografía de un mundo poblado por campesinos, animales, instrumentos musicales y sus particulares creencias.

La obra plástica de Violeta recoge imágenes tan dispares como impactantes: buques que zozobran, paisajes diversos, instrumentos musicales enredados con animales del bosque, escenas circenses llenas de colorido. Sus composiciones son especialmente atormentadas, surreales, provocativas. Violeta siempre decía que cuando hacía arte es cuando más feliz se sentía.

Una de sus más conocidas arpilleras es la titulada "Cristo en bikini". Y precisamente uno de los relatos ganadores del concurso, titulado "La arpillera" trata de esta particular obra plástica de Violeta Parra.

"La Arpillera", relato de Marijo Alba, ganó el tercer premio del Concurso de Relato Corto de Victorina Press.

La ganadora, Marijo Alba es, al igual que Violeta, a la vez poeta y artista. Y así Marijo nos habla en su relato con la voz de la experiencia y con la emoción, intensidad y ensueño de que es capaz una artista visual.

En su relato, Marijo ingeniosamente transforma una sencilla visita al Museo de Violeta Parra (aunque es evidente que no puede haber nada sencillo en una visita a tan magnífico museo) en una experiencia del todo surreal. La historia se narra con sutil humor, pero al mismo tiempo con gran ternura. Hasta se incluye una descripción de lo que es una arpillera, con toda suerte de detalles.

Marijo nos lleva de viaje. Desde la explicación técnica que facilita la guía del museo a la repentina y surreal situación que surge cuando Cristo y el pajarito de la arpillera cobran vida y mantienen una conversación como podríamos mantener tú y yo. Los dos dan su opinión acerca del título de la obra, "Cristo en bikini": el Cristo del relato no está de acuerdo con el título, y por su parte el pajarito habla sobre lo que es el Arte. La cabeza de Cristo se inclina hacia un lado, puede vérsele el corazón, lleva un sencillo paño atado a un costado, una lágrima parece llenarle y desgarrarle el rostro... Y lo que viene a decirnos Marijo es que a estos dos personajes les llenan una fuerza y pasión tales que no pueden sino cobrar vida y expresarse con total libertad. ¡Enhorabuena, Marijo!

Authors' profiles

~

Reseñas biográficas

Marijo Alba

They say that it's enough to wish for things to make them happen. Well, here I am making two dreams come true and both are sewn to the lining of my destiny: the first, to live in London and the second, to learn how to communicate my ideas and feelings using words on paper. The latter has been possible thanks to taking part in the Hispano-American Women of Memory Workshop.

We have published two books entitled *Wondermakers: Navigators of the Thames,* one of poetry and one of stories and other narratives. I received a runner-up prize in poetry at the "Sierra de Francia Literary Competition" in Salamanca, Spain. The magazine *Anthology of Poetic Communication Talents* in Madrid selected five of my poems, which were published in the book *Third Poetic Anthology*. My poems have also been published in poetry and art magazines such as *SMART, Exiled Writers Ink, La Tundra, Art for Art's Sake, London in Poetry online* and *Art with Arte-Arte con Art*.

Marijo Alba

Dicen que basta con desear para que las cosas se realicen. Pues aquí estoy, haciendo dos sueños realidad y los dos van cosidos al forro de mi destino: el primero, vivir en Londres y, el segundo, aprender a comunicar mis ideas y sentimientos usando las palabras sobre papel. Esto último ha sido posible gracias a mi participación en el Taller Hispano-Americano de Mujeres de la Memoria.

Tenemos publicados dos libros, titulados *Maravilladoras: Navegantes del Támesis,* uno de Poesía y otro de cuentos y otras narraciones. Recibí un accésit de poesía en el "I Certamen Literario Sierra de Francia", Salamanca, España. La revista *Antología Poética Talentos de la Comunicación,* Madrid, seleccionó cinco de mis poemas los cuales fueron publicados en el libro *T3rcera Antología Poética*. También se han publicado mis poemas en revistas de poesía y arte como: *SMART, Exiled Writers Ink, La Tundra, Art for Art's Sake, London in Poetry en la red y Art with Arte-Arte con Art*.

Leonardo Boix

Photograph: Caleb Fermi

Leonardo Boix was born in Buenos Aires, Argentina in 1975. He holds an MA in Latin American Studies at Birkbeck College, University of London, where he also obtained an MA in Latin American Literature and Culture. As a journalist, Boix has regularly published in *The Guardian, The Morning Star, The Miami Herald*, as well as being the correspondent for major Latin American journals and newspapers including *Revista Proceso* (Mexico), *Diario Perfil* (Argentina), and *El Telégrafo* (Ecuador).

In 2015 Boix published his first Spanish collection *Un lugar propio* (Letras del Sur, Bs. As.), followed in 2016 by *Mar de noche* (Letras del Sur, Bs As). He also judged and wrote the prologue for the anthology collection *Apología 3 (Poesía porque sí),* 2016, showcasing the best young Argentinean poets. He was also included in the anthology *American: ABCD* (Paripe Books). Boix won first prize in the poetry competition "Nostalgias de la Luz", and the Exiled Writers Ink Bart Wolffe Poetry Competition, as well as being shortlisted for the Aesthetica Creative Writing Award 2018.

In English, his poetry has featured in the anthology *Ten Poets of the New Generation* (Bloodaxe, 2017), as well as in the literary journals *Modern Poetry in Translation (MPT), Magma Poetry, The Rialto, Under the Radar, Minor Literature [s], Azahar Literario, The Morning Star, IS&T, An Other Poems*, and elsewhere. Boix is currently working on a collection of poems based on Hieronymus Bosch. Since 1997 he lives in London and Deal, Kent.

Leonardo Boix

Nació en Buenos Aires, Argentina, en 1975. Es periodista, escritor y poeta. Obtuvo un magister de literatura en el Birkbeck College de la Universidad de Londres. Trabaja como corresponsal en el Reino Unido para el Diario *El Telégrafo* (Ecuador), la *Revista Proceso* (México), y *El Nuevo Herald* (EE. UU). Colabora con el

Diario Perfil, The Guardian, y The Morning Star, entre otros medios periodísticos de América Latina y Europa.

En 2015 publicó su primer libro de poemas *Un lugar propio* (Letras del Sur editora), y ese mismo año fue incluido en la antología de poesía joven argentina *Apología 2*. Su segundo poemario *Mar de Noche* (Letras del Sur editora) fue publicado en 2016 y presentado ese mismo año en la Feria Internacional del Libro de Buenos Aires. Fue jurado y escribió el prólogo de la antología de poesía argentina *Apología 3: Poesía porque sí* (2016), como también en *American: ABCD* (Paripe Books).

En inglés, su poesía fue incluida en la antología *Ten Poets of the New Generation* (Bloodaxe, 2017) así como en las revistas literarias *Modern Poetry in Translation (MPT), Magma Poetry, Minor Literature [s], Azahar Literario, The Morning Star, Under the Radar, IS&T, An Other Poems,* y *The Rialto*.

Boix ganó el primer premio en el concurso de poesía "Nostalgias de la Luz" organizado por Victorina Press, el premio de poesía de Exiled Writers Ink (2018), además de ser nominado al premio Aesthetica Creative Writing Award 2018. Boix está trabajando en su primer libro de poemas en inglés, basado enteramente en la obra del pintor flamenco El Bosco. Desde 1997 reside en Londres y Deal (Kent).

María Eugenia Bravo-Calderara

Photograph: Isabel Ros-López

María Eugenia read Philosophy at the University of Chile where later she lectured. In 1973 she was persecuted by the Chilean military dictatorship. As a political prisoner she was tortured and imprisoned and she left Chile for exile in 1975. Since then she lives in England.

In 1979 she completed her doctoral studies at Oxford University. In 1977 she published "The Search", a short story about the human rights situation in Chile. In 1991, the Greater London Council awarded her a literary prize which allowed her to publish a collection of poems entitled *Prayer in the National Stadium* (1992).

In 2009 she published two stories – *Dominó* and *Música Incidental* in *Lejos de Casa; Memoria de Chilenas en Inglaterra* and a new collection of her poetry in *Poems from Exile*.

"The Secret Agent", was awarded the first prize in a literary contest organised by the Centro Cultural Salvador Allende in 2013 and was later published in *Tundra* magazine in London.

As a volunteer, Maria Eugenia, has worked for human rights and collaborated with other artists such as the dancer, Joan Turner Jara, the actors of the National Theatre, the dramatist and Nobel Prize author Harold Pinter, and the composer Richard Bradford.

M. Eugenia worked for the British Refugee Council for over twenty years where she could help victims of Human Rights abuse coming from all over the world. She also worked as a volunteer for Amnesty International and the Helen Bamber Foundation, an NGO dedicated to the care of people who have undergone torture.

María Eugenia Bravo Calderara

María Eugenia estudió Filosofía en la Universidad de Chile, donde posteriormente hizo clases. En 1973 fue perseguida en Chile por la dictadura militar.

Como prisionera política conoció la tortura y la cárcel. Salió al exilio en 1975. Desde entonces vive en Inglaterra.

En 1979 terminó sus estudios de doctorado en la Universidad de Oxford. En 1977 publicó en Londres "The Search", una narración sobre la situación de los Derechos Humanos en Chile.

M. Eugenia es autora de *Oración en el Estadio Nacional* —una colección de poemas que publicó gracias a un premio otorgado en 1991 por la Municipalidad del Gran Londres.

En el 2009 se publicaron dos de sus cuentos, '*Dominó*' y '*Música Incidental*' en *Lejos de Casa: Memoria de Chilenas en Inglaterra,* y en inglés su segunda colección de poesía *Poems from exile*. Su cuento "Agente Secreto" fue galardonado con el primer premio en un concurso de cuentos organizado por el Centro Cultural Salvador Allende de Londres en el 2013. Este cuento fue publicado en la *Revista La Tundra*.

En el trabajo por los derechos humanos, la autora ha colaborado en Inglaterra con la bailarina Joan Turner Jara, los actores del Teatro Nacional, el dramaturgo y premio Nobel de Literatura Harold Pinter, y el compositor Richard Bradford.

M. Eugenia trabajó en Londres por más de 20 años en el *Consejo Británico para los Refugiados,* una

ONG desde la cual pudo ayudar a las víctimas de los abusos contra los Derechos Humanos provenientes de todo el mundo. M. Eugenia trabajó también como voluntaria para Amnistía Internacional y para la Helen Bamber Foundation, una ONG que se dedica al cuidado de personas que han sufrido tortura.

Isabel del Rio

Isabel is a writer, linguist and publisher. She was born in Madrid but has lived most of her life in London. She has published fiction and poetry in both English and Spanish, and has extensive experience as a journalist and broadcaster, having worked for several media, including the BBC World Service.

She is also an established literary and technical translator and linguist and has worked as a full-time translator and terminologist for the UN for over two decades.

Her collection of fantasy stories *La duda* was shortlisted for two literary prizes ("Nuevos Narradores" and "Ícaro") and was subsequently published by Tusquets Editores in Spain. Her stories have appeared in several anthologies and online magazines.

Her most recent work of fiction *Zero Negative – Cero Negativo* is a bilingual collection of short stories on the subject of bloodshed, and her latest poetry book is *The moon at the end of my street*.

She recently founded a publishing company, *Friends of Alice Publishing*, aiming to publish works of poetry and fiction in various languages. Her forthcoming works are two collections of short stories and a memoir. She regularly takes part in readings and performance poetry events.

Isabel del Río

Isabel del Río es escritora, poeta y editor. Nació en Madrid, pero ha vivido en Londres durante la mayor parte de su vida. Ha publicado ficción y poesía tanto en inglés como en español, y tiene considerable experiencia como periodista y locutora, habiendo trabajado para diversos medios, incluido el Servicio Mundial de la BBC en Londres.

También es una reconocida traductora literaria y técnica, además de lingüista, y ha trabajado a tiempo completo como traductora y terminóloga para un organismo de Naciones Unidas durante más de dos décadas.

Su colección de relatos fantásticos *La duda* fue finalista en dos premios literarios ("Nuevos Narradores" e "Ícaro"), y fue publicada por Tusquets Editores en España. Sus relatos han aparecido en distintas antologías y revistas en línea.

Entre sus obras más recientes se cuentan *Zero Negative –Cero Negativo*, una colección bilingüe de relatos sobre el derramamiento de sangre, y *The Moon at the End of my Street*, un libro de poemas.

Recientemente creó una editorial, *Friends of Alice*, cuyo propósito es publicar poesía y ficción en distintos idiomas. Actualmente está terminando dos colecciones de relatos y una memoria. Participa regularmente en lecturas y eventos de poesía.

Patricia Díaz

Colombian writer, scriptwriter and filmmaker, residing in London since 1984.

Telling stories has been her passion and profession during these years, first through cinema and film scripts, and later through narrative literature.

In 2015 she published her first novel, *The Golden Bat*, a contemporary story of English and Colombian characters during the tragic explosion of the Nevado del Ruiz volcano in Colombia, in 1985.

For more information visit her website:

www.patricia-diaz.com

Patricia Díaz

Escritora, guionista y cineasta colombiana, residente en Londres desde 1984.

Contar historias ha sido su pasión y profesión durante estos años, primero a través del cine y del guion cinematográfico, y después a través de la narrativa literaria.

En 2015 publicó su primera novela, *El Murciélago de Oro*, una historia contemporánea que une personajes ingleses y colombianos alrededor de la tragedia de la explosión del volcán nevado del Ruiz, acaecido en Colombia, en 1985.

Para más información visitar la página web

www.patricia-diaz.com

Mabel Encinas-Sánchez

Both writing and visual art allow me to process my experiences and participate in the world. I have been part of diverse groups of artists and non-artists, with the intention to create a fairer society. I am a member of the *Hispano-American Women Writers on Memory*, and we have published two books with the title *Wonder-Makers: Navigators of the Thames*, one of poetry and the other one of stories and other narrative.

I am also a member of *SLAP* (*Spanish and Latin American Poets and Writers*). I am a live artist and I have presented my work in diverse galleries. I published a collection of poems —*Intimate Look*— and I edit thematic literary fanzines. I won the second prize in *Nostalgia for Light* (Festival de Voces Chilenas) in London.

In the professional plane, my PhD thesis was a study about emotions as a phenomenon that is simultaneously individual and social. Currently, I teach at the University of Suffolk and I research the use of a board game that I created to support children's learning of maths and the development of values of social justice and sustainability. I look forward to continuing and expand my work in the future.

liliamabel@hotmail.com

Mabel Encinas Sánchez

La escritura y las artes visuales me permite procesar mis experiencias y participar en el mundo. He formado y formo parte de diversos grupos de artistas y no artistas, con la intención de crear una sociedad más justa. Soy parte del *Taller Literario de Mujeres Hispano-Americanas de la Memoria*, donde hemos publicado dos libros con el nombre de *Maravilladoras: Navegantes del Támesis*, uno de poesía y otro de narrativa.

También formo parte del grupo *SLAP* (*Spanish and Latin American Poets and Writers*). Soy artista de arte vivo y he presentado mi trabajo en diversas galerías. He publicado una colección de poemas, *Mirada Íntima* y edito fanzines literarios temáticos. Gané un accésit en

"Nostalgia de la Luz" (Festival de Voces Chilenas) en Londres.

En el plano profesional, mi tesis de doctorado fue un estudio sobre las emociones como un fenómeno que es simultáneamente individual y social. Actualmente doy clases en la Universidad de Suffolk e investigo el uso de un juego de mesa que inventé para apoyar que los niños y niñas de cuatro y cinco años aprendan matemáticas y desarrollen valores de justicia social y sustentabilidad. Mi intención es continuar y expandir mi trabajo creativo en el futuro.

liliamabel@hotmail.com

Sebastian Eterovic

Photograph: Paulina Caro

Sebastian is a doctoral student in mathematics at Oxford University. Few details are known of his murky past, which has generated a long and confusing series of legends about his origin. Some say he was trained as a triangle player at the Manuela High Musical Studies Centre. Others maintain they saw him graduate as a microphone tester in Aplapac. All these tales concur in that, during one abominable summer afternoon, after eating some fritters with hot sauce at the El Compadre de Guatón Loyola in Curacautín (for those who don't know, an establishment of doubtful hygiene standards), Eterovic was possessed by 723 demons of insanity and the only way to exorcise them was through writing.

Prior to the publication of this review, he managed to exorcise four demons. Among his major achievements, not only as a person but as a human being, the one that stands out is his psychopathic book of stories, *Reminiscence*, which no one knows about, no one has read and will be forever forgotten by humanity (this was decided last Tuesday at a neighbourhood association meeting in Renca). His scientific research revolves around the development of nuclear warheads of apocalyptic aftermath as a way of taking revenge on a fizzy drink vending machine which stole 300 pesos from him when he was 12. When not concentrating on the atomic obliteration of all things living and mundane, he can be found in his free time at Tesco supermarket researching the potential of donuts being used as clocks in the future.

Sebastián Eterovic

Estudiante de doctorado en matemáticas en la Universidad de Oxford, Inglaterra. Pocos detalles se conocen de su tenebroso pasado, lo que ha motivado una larga y confusa serie de leyendas sobre su origen. Algunos dicen que se educó como triangulista en el Centro de Altos Estudios Musicales Manuela. Otros, en cambio, aseguran haberlo visto graduarse de probador de micrófonos en Aplaplac. Todas estas historias concuerdan, sin embargo, en que, durante una abominable tarde de verano, después de comerse unas sopaipillas con pebre donde El Compadre del Guatón Loyola en Curacautín (local de dudosos estándares higiénicos, por si no sabían), Eterovic fue poseído por 723 demonios de la inanidad, y la única forma que tiene de exorcizarlos es a través de la escritura.

Hasta la publicación de esta reseña, había logrado exorcizar cuatro demonios. Entre sus mayores logros, no sólo como persona sino también como ser humano, destaca por sobre los demás el psicopático libro de cuentos *Reminiscencia* que nadie conoce, nunca nadie ha leído y será olvidado para siempre por la humanidad (esto fue decidido el martes pasado en una junta vecinal en Renca). Su investigación científica gira en torno al desarrollo de ojivas nucleares de secuelas apocalípticas para vengarse de una máquina expendedora de latas de bebidas que le robó 300 pesos cuando tenía doce años. Cuando no está concentrado en la obliteración atómica de todas las cosas vivas y mundanas, en sus ratos libres se encuentra en el supermercado Tesco investigando el potencial que tienen las donas para ser usadas como relojes del futuro.

Odette Magnet

Odette is a Chilean journalist, writer and former diplomat, BA degree in journalism from Catholic University of Chile, 1978. She was Press and Cultural Attaché at the Consulate of Chile in La Paz, Bolivia between 2014 and March 2018. Before that, she worked for four years (2006-2010) at the Embassy of Chile in London, England

From 1995 to 2000, Odette was Press Attaché at the Chilean Embassy in Washington, D.C. While in the United States she also wrote for the magazines *LatinaStyle, Vanidades, Istmo* and *Americas*.

Magnet has worked as a freelance translator for the World Bank, the Inter-American Development Bank and other international agencies. She was also the speechwriter for the Organization of American States' Secretary General José Miguel Insulza.

During the Pinochet dictatorship (1973- 1989), she was a reporter and staff writer of *HOY*, the main national magazine. She specialized in human rights issues. She also wrote for the Chilean newspapers *La Epoca* and *La Nación*, along with *Apsi*, *Los Tiempos* and *Caras* magazines, covering national news and conducting political interviews.

When Chile returned to democracy in 1990, she became director of the government's international press office, and the following year was appointed press advisor to the Ministry of Justice.

Odette is the author of the novel *Arena Negra*, published by Random House in 2009, in Santiago. The novel was also published by Editorial Kipus, in Bolivia, in 2016.

Odette Magnet

Odette es periodista chilena, graduada de la Universidad Católica de Chile, en 1978. Desde 2014 a marzo de 2018, se desempeñó como agregada de prensa y cultura en el Consulado General de Chile en La Paz, Bolivia. Desde 2006 a marzo de 2010, trabajó como agregada de prensa en la Embajada de Chile en Londres, Inglaterra.

En 1995, fue nombrada agregada de prensa de la embajada de Chile en Washington, D.C y permaneció en ese cargo hasta el año 2000. Posteriormente, colaboró para las revistas *LatinaStyle, Vanidades, Istmo* y *Americas*. Asimismo, trabajó como traductora free lance para el Banco Mundial, la Organización de Estados Americanos (OEA) y el Banco Interamericano de Desarrollo (BID), entre otros organismos. Por último, fue escritora de discursos del secretario general de la OEA, José Miguel Insulza.

Durante la dictadura militar, fue reportera y redactora de temas nacionales, especializada en derechos humanos, de la revista HOY, entre 1977 y 1987. Asimismo, colaboró para los diarios *La Epoca* y *La Nación,* y *las revistas Apsi, Los Tiempos* y *Caras*, cubriendo temas nacionales y haciendo entrevistas políticas.

En 1990, asumió como jefa de la oficina de prensa internacional del gobierno y, al año siguiente, fue nombrada asesora de prensa del ministro de Justicia.

Odette es autora de *Arena Negra* (Random House Mondadori), publicada en Santiago, en el 2009. La novela fue publicada por Editorial Kipis, en Bolivia, en el 2016.

Carmen Malarée

Born in Longaví, Chile, Carmen Malarée (born Garcés Monsalve) spent her student days between the regions of Maule and Bío Bío, attending primary school at the *María Auxiliadora* School in Linares and at the Instituto Santa Cruz in Talca. Her secondary education tool place at the *Liceo de Niñas* in Talca, followed by studies in sociology at the *Universidad de Concepción*. She later obtained an MPhil in Latin American Studies at the University of Cambridge (Newnham College), and a postgraduate degree in the teaching of foreign languages at the University of Exeter in Devon, in southwest England.

She has worked as a teacher of French and Spanish in Secondary schools in the United Kingdom. She has published in the journal *Vida Hispánica* (Spring 2003) on Development Education. Her focus is on novels, essays, short stories and narratives. She has several essays published on Latin American Spanish language literature web sites. She has published a short novel about forced disappearances during the military dictatorship in Chile, a historical novel about socio-political changes in Chile from 1939 to 1946 and a compilation of stories and short narration. She currently lives in Plymouth, England.

Carmen Malarée

Nacida en Longaví, Chile, la vida de estudiante de Carmen Malarée (nacida Garcés Monsalve) transcurrió entre las regiones del Maule y Bío Bío, cursando sus estudios primarios en el colegio María Auxiliadora de Linares y en el Instituto Santa Cruz de Talca. Realizó sus estudios secundarios en el Liceo de Niñas de Talca y los universitarios, de Sociología, en la Universidad de Concepción.

Posteriormente obtuvo una Maestría (MPhil) en Estudios Latinoamericanos en la Universidad de Cambridge (Newham College), Reino Unido, y luego un postgrado en Pedagogía en Idiomas Extranjeros en la

Universidad de Exeter, Devon, en el suroeste de Inglaterra.

Se ha desempeñado como profesora de francés y castellano en el Reino Unido. Ha publicado sobre Desarrollo y Educación en la revista *Vida Hispánica'* (Primavera 2003), revistas de enseñanza de la lengua castellana y en sitios internet de literatura hispanohablante en países latinoamericanos. Se ha concentrado en los géneros literarios de novela, ensayo, cuentos y relatos. Ha publicado una novela corta sobre los detenidos desaparecidos durante la dictadura militar en Chile; una novela histórica sobre los cambios sociopolíticos en Chile entre los años 1939-1946, y una compilación de cuentos y relatos cortos. Actualmente vive en Plymouth, Inglaterra.

Valentina Montoya-Martínez

I am a singer/songwriter. Daughter of a former political prisoner and exiled family, I grew up in England surrounded by the music of my native land, particularly the Chilean New Song. Among the many recordings that my mother brought from Chile, I fell in love with the Chilean folksong and tango, two genres that lit up my path during the darkest periods of exile. These became a source of encouragement, solace and a means of self-expression.

Inspired by Latin American musicians and writers, I began to play guitar, sing and to write songs, poems and stories. I studied Comparative American Studies at The University of Warwick, where I also undertook an MA in History. For reasons of love I moved to Scotland. There with my partner, I formed *Valentina and Voces del Sur*. We have released three albums, the most recent is entitled 'Daughter of exile' (2016); a collection of our own songs. I have also collaborated extensively with Scottish Chamber group Mr McFall's Chamber. Together we have recorded three CDs, the latest is Piazzolla's 'María de Buenos Aires' (released in 2017). My future projects include the publication of a book, a film project and PhD research on Chacabuco concentration camp, in Chile.

Valentina Montoya Martínez

Soy cantante, cancionista y poeta. Hija de un ex-preso político y familia exiliada, crecí en Inglaterra rodeada de la música de mi tierra nativa, particularmente la Nueva Canción chilena. Entre las muchas grabaciones que mi madre trajo de Chile me enamoré del folklore y del tango. Dos géneros que alumbraron mi camino en las etapas más oscuras del exilio y donde encontré aliento, consuelo y una forma de expresarme.

Inspirada por músicos y escritores chilenos y latino-americanos, comencé a tocar guitarra, a cantar, a escribir canciones, poemas y cuentos. Estudié Comparative American Studies en la Universidad de

Warwick, donde también obtuve mi Magister en Historia. Por amor, me fui a vivir a Escocia. Allí junto a mi compañero, formé mi grupo *Valentina y Voces del Sur*.

Hemos publicado tres CD's, el más reciente se llama *Daughter of exile* (2016), un álbum de canciones propias. He colaborado extensivamente con el reconocido grupo de cámara escocés Mr McFall's Chamber. Hemos grabado tres discos, el último es *María de Buenos Aires* de Astor Piazzolla (publicación 2017).

Mis futuros proyectos incluyen la publicación de un libro, un proyecto de cine y un estudio, a nivel de doctorado, acerca del campo de concentración Chacabuco, en Chile.

Patricio Andrés-Olivares

Patricio was born 13 December 1977. He holds an MA in Linguistics and is a teacher of Spanish. He defines himself as a poet who doesn't write much (two self-published works, *The Absurdity of my Reason* (2015) and *Magicomio Raptado* (2010). He has won poetry competitions in Chile, Spain and Uruguay. He has also written some stories and is working on a novel, which he doesn't know if he will finish. He has written critiques and literary works for a number of magazines.

He lived in Nottingham for almost two years, where he got the opportunity to continue to work on his literature, improve his English, spend time with his partner and participate in some competitions, one of which awarded him second prize, namely this publication.

Currently, he resides in Santiago and works as a teacher at the Javiera Carrera School for Girls.

Patricio Andrés Olivares

Nació el 13 de diciembre de 1977. Magíster en lingüística y profesor de castellano. Se autodefine como un poeta que no escribe mucho (dos auto publicaciones, *Absurdo de mi Razón* (2015), y *Magicomio raptado* (2010). Ha ganado algunos concursos poéticos en Chile, España y Uruguay. También ha escrito algunos cuentos y está trabajando en una novela, que no sabe si terminará. Ha colaborado también en algunas revistas literarias, ya sea con trabajo críticos o creaciones literarias.

Vivió en Nottingham, por casi dos años, donde tuvo la posibilidad de seguir trabajando en la literatura, mejorar su inglés, acompañar a su compañera y participar en algunos concursos. En uno de ellos fue galardonado con el segundo lugar, que corresponde a esta publicación. Actualmente reside en Santiago, y se desempeña como docente en el Liceo N°1 de Niñas "Javiera Carrera".

Fermín Pavez-Sandoval

Fermín, pen name Manfredo Zaverpi, spent his early years in his hometown of El Carmen, near the city of Chillan, Chile. As a child he saw the daily struggle of poor peasants scratching and toiling the land, which they never owned, just to make ends meet. Since his late childhood, he felt attracted to folk's tale telling and music. He became a music composer for piano and guitar. He is also a keen live nature and landscape photographer.

One of his literary works, a short story, 'Double Standards', was published in an *Anthology of Latin American Short Stories*, published in London in 2005. One his poems was included on the bilingual poetic anthology titled: *Desentrañando Memorias/Unravelling Memories* published by Victorina Press in 2017.

He will shortly publish a collection of short stories *Tales from the Foothills of the Andes* and after that *Vengeance Has Landed,* a tense political thriller based on events following the violent military coup d'état in Chile in September 1973.

The writer was forced to abandon his native country over forty years ago, by the then ruling Military Junta, and escaped to Argentina, where he was subjected to unlawful imprisonment and torture. He arrived in England in the mid-1970s, where he graduated in Economics and worked mainly in accountancy. Then he fought and beat a very aggressive cancer. He considers himself to be "a survivor by the benevolence of Mother Nature".

Fermín Pavez Sandoval

Fermín Pavez Sandoval, cuyo seudónimo es Manfredo Zaverpi, es oriundo de la localidad de El Carmen, cerca de Chillán, Chile, casi a los pies de los Andes. Vivió su niñez en el campo; creció escuchando historias y fábulas campesinas, tanto del pasado como del presente. Su trabajo literario fue inspirado por la vida dura y difícil en el campo chileno en el que los campesinos aran y cultivan la tierra para el diario sustento paupérrimo; pero que nunca fue de ellos. Desde su adolescencia se sintió atraído por la música; además es compositor de música en guitarra y piano. Tiene mucho amor por el arte, la fotografía de la naturaleza viva y paisajes, literatura y los problemas sociales del mundo.

Uno de sus cuentos cortos, "Doble Estándares" fue incluido en una *Antología de Cuentos Breves Latinoamericanos,* publicada en Londres en 2005. En el 2017 uno de sus poemas fue incluido en la antología poética bilingüe *Desentrañando Memorias* publicado por "Victorina Press".

Pronto publicará un trabajo de cuentos cortos *Relatos desde Los Pies de los Andes.* Luego una novela ficción de un intenso "thriller" político, *La Venganza ya Viene,* ambientada en los trágicos sucesos del golpe cívico-militar en Chile, en el año 1973.

Tuvo que abandonar Chile y viajó hacia Argentina donde fue ilegalmente encarcelado y torturado. Luego llegó a Inglaterra, donde tras egresar en economía, se desempeñó en contabilidad y administración empresarial. Sobrevivió a un cáncer muy agresivo. Ahora se auto-declara "sobreviviente por la generosidad de la Madre Naturaleza"

Consuelo Rivera-Fuentes

Photograph: Jorge Vásquez-Rivera

Consuelo is a Chilean-British publisher, writer and poet who worked most of her life as a teacher of English as a Foreign Language. In Britain, Consuelo continued her career by teaching Spanish and Social Sciences at The Open University (OU) in the UK.

When she retired from the OU, and not content with having an MA and a PhD in Women's Studies, she enrolled in an MA in Publishing, which she finished in 2017.

As a writer she has published and edited various books of poetry and short stories, for example, *La Liberación de la Eva Desgarrada* (1991), *Arena en la Garganta* (2011), *Wonder-Makers: Navigators of the*

Thames (Poetry and Short Stories)[39] and *Lejos de Casa*, a collection of stories written with a literary group of Chilean women resident in the UK.

She has also published many academic articles in journals and books in Ireland, Britain, Australia and Poland and has been awarded several prizes in literary contests.

One of her most treasured awards for her literary work was the 3rd prize in a national literary contest, organised by the Human Rights Commission in Chile in 1983, when she was a political prisoner there. The prize is a simple wooden plaque inscribed with a poem from Benedetti and carved by political prisoners.

In 2017, Consuelo established her publishing house called *Victorina Press*, in memory of her mother.

Consuelo Rivera-Fuentes

Consuelo es una editora chilena-británica, escritora y poeta que trabajó la mayor parte de su vida enseñando inglés como lengua extranjera en Chile. En el Reino Unido, Consuelo siguió su carrera profesional

---

[39] This book as well as *Wonder-Makers: Navigators of the Thames (narrative)* was an anthology written with the Hispano-American Women Writers on Memory.

enseñando castellano y ciencias sociales en la Open University (OU).

Cuando se jubiló de la OU —y no contenta con ya tener una maestría y un doctorado en Sociología y Estudios de las Mujeres—, se matriculó en un Magíster en Editorial, el cual terminó en el 2017.

Como escritora, Consuelo ha publicado y editado varios libros de poesía y cuentos, por ejemplo, *La Liberación de la Eva Desgarrada* (1991), *Arena en la Garganta* (2011), *Maravilladoras: Navegantes del Támesis -Poesía*.[40] y *Lejos de Casa*, una antología de cuentos escritos con un grupo literario de mujeres chilenas residentes en el Reino Unido.

También ha publicado muchos artículos académicos en revistas y libros en Irlanda, Gran Bretaña, Australia y Polonia y ha obtenido varios galardones literarios.

Uno de los premios que más atesora —por su trabajo literario— es el tercer premio en un concurso nacional para presos políticos organizado por la Comisión de Derechos Humanos en Chile en 1983, cuando era prisionera política ahí. El premio es una simple

---

[40] Este libro, así como *Maravilladoras: Navegantes del Támesis – Cuentos*, es una antología escrita con el Taller de escritoras Hispano-Americanas de la Memoria.

placa de madera con un poema de Benedetti y tallado por prisioneros políticos.

En 2017, Consuelo fundó su casa editorial y la llamó *Victorina Press* en memoria de su madre.

Isabel Ros-López

Isabel Ros-López, of Spanish origin, comes from a family of immigrants, which has influenced her artistic and social development in a fundamental way. Born in Australia, raised in Madrid, Malaga and the United Kingdom, Isabel showed a flair for art since childhood. Although principally a poet, singer and troubadour, Isabel also expresses herself through painting, photography and ceramics.

Despite the fact her working life leaves little time for art, she tries to let creativity permeate all aspects of her life, including unpaid work and social activism, which she considers essential. An intersectional feminist to the core.

An autodidact for most of her life, Isabel received her degree in the University of Life at an early age, thanks to many teachers she met along the way, and she is preparing to continue her doctorate in life and not just existence. As Mercedes Sosa sang, "to last, it is not living, sweetheart, to live is something else."

Isabel has a degree in Women's Studies from the University of East London's Social Science department.

She belongs to the literary workshop, Hispano-American Women Writers of Memory, with whom she has published two anthologies: *Wonder-Makers: Navigators of the Thames*, of poetry and short stories. She is also a member of SLAP (Spanish and Latin American Poets). Her poetic works include *Barrizal* (Mudflat), *La Palabra* (The Word), *We and The Hummingbird's Song*.

isanother@gmail.com

Isabel Ros López

De origen español, proviene de familia de emigrantes, lo cual ha influenciado su vida y desarrollo artístico y social de forma fundamental. Nacida en Australia, creció en Madrid, Málaga y el Reino Unido. Isabel se manifestó por el arte desde la infancia. Aunque principalmente poeta, cantautora y trovadora, también se expresa a través de la pintura, fotografía y cerámica. A pesar de que la vida laboral deja poco tiempo para el arte, Isabel intenta que la creatividad permee todos los aspectos de su vida, incluido el trabajo asalariado y el activismo social, parte esencial de la misma. Feminista inter seccional hasta la médula.

Autodidacta durante la mayor parte de su vida, Isabel se licenció en la Universidad de la Vida a edad temprana, gracias a las/os muchas/os maestras/os que encontró por el camino, y actualmente prepara de forma continua su doctorado en vivir y no solo existir. Como cantara Mercedes Sosa: "durar, no es estar vivo, corazón, vivir es otra cosa."

Isabel es licenciada en Estudios de la Mujer, Facultad de Ciencias Sociales, Universidad de East London. Es integrante del taller literario 'Escritoras Hispano-Americanas de la Memoria', con quienes ha publicado dos antologías: *Maravilladoras: Navegantes del Támesis*, de poesía y cuentos cortos. También es integrante de 'SLAP (Spanish and Latin American Poets)'. Sus poemarios incluyen *Barrizal*, *La Palabra*, *We* (Nosotras/os) y *La Canción del Colibrí*.

isanother@gmail.com

Other publications by Victorina Press
~
Otras publicaciones de Victorina Press

Desentrañando Memorias ~ Unravelling Memories (2017)
(Bilingual anthology of poetry with Latin-American poets resident in the UK)

My Beautiful Imperial by Rhiannon Lewis (2017)
(Historical fiction; recommended by the Walter Scott Prize Academy)

The Marsh People by M.Valentine Williams (2018)
(Dystopian, science-fiction novel for young adults and adults at heart)

Blind Witness by Vicki Goldie (forthcoming June 2018)
(Murder mystery novel, first book in The Charters' Murder Mysteries Series)

The Secret Letters From X to A by Nasrin Parvaz (forthcoming July 2018)
(Historical fiction set in Iran's Joint Committee Interrogation Centre where the author spent 8 years as a political prisoner)